Pride

Michael Hunklinger

über
morgen

Pride

Michael Hunklinger

Inhalt

You guys can never forget the struggle
that came before you,
the people that fought and loved and died,
so you can walk down the streets with skinny jeans,
with rights you never even knew you never had.
The minute we forget what we went through to get here
is the minute it could all be taken away.

Will Truman

When the sun shines, we'll shine together
Told you I'll be here forever
Said I'll always be your friend
Took an oath, I'ma stick it out to the end
Now that it's raining more than ever
Know that we'll still have each other
You can stand under my umbrella
(Rihanna, „Umbrella")

Vorwort

Pride. Stolz, so die wörtliche deutsche Übersetzung. Aber in dem Wort steckt so viel mehr. Wenn wir den Begriff Stolz hören, schwingt oft nur für wenige etwas Positives mit. Eher etwas Kindliches, wenn nicht gar Negatives. Ich bin stolz auf dich. Klingt schon ein wenig anders? Der Duden kennt zwei Bedeutungen für das Wort Stolz. Zum einen *ausgeprägtes, jemandem von Natur mitgegebenes Selbstwertgefühl* und zum anderen *Selbstbewusstsein und Freude über einen Besitz, eine [eigene] Leistung.* In diesem Essay geht es um beide und auch um keine der genannten Bedeutungen. Sprache wandert und wandelt sich. Der Titel dieses Buches – der Begriff *Pride* – kommt aus dem Englischen und wird doch selten übersetzt. Das hat aber nicht nur mit der voranschreitenden *Ver-Englischung* der deutschen Sprache zu tun, sondern auch mit dem Begriff an sich. Pride und das, was wir uns darunter vorstellen, ist eng mit der Emanzipationsbewegung von LGBTQ Personen verbunden. Und genau darum geht es in diesem Buch.

Heißt also Pride = Stolz? Seit einigen Jahren verbreitet sich in sozialen Medien mehr und mehr der Hashtag #Stolzmonat, der sich klar gegen Schwule, Lesben, Transpersonen, die gesamte queere Community und den Pride-Monat Juni richten soll. LGBTQ-Feindlichkeit ist eines der momentan wichtigsten Aktionsfelder der bürgerlichen wie der extremen Rechten und dient regelmäßig als Radikalisierungsfaktor nach rechts. „Stolzmonat" ist nun der Versuch, den Juni für rechte Zwecke zu kapern.[1] So wie LGBTQ Personen stolz auf sich sein können, so sollen den rechten Proponent:innen zufolge (natürlich nur heterosexuelle) Deutsche oder Österreicher:innen auch stolz auf ihre Identität sein. Jedes Sichtbarmachen einer marginalisierten Gruppe wird von diesen als Angriff auf die Mehrheit gewertet. Rechte schwingen sich zu den Verteidigern dieser Mehrheit auf und begeben sich damit in eine Opferposition. Es könne nur ein Entweder-Oder geben. Entweder LGBTQ Personen bekämen Rechte, oder die deutsche/österreichische Identität sei „sicher". Natürlich ist das ein konstruierter Gegensatz, doch leider scheint diese Darstellung immer wieder zu funktionieren.

In diesem kleinen lavendelfarbenen Buch soll es auch um diese Gegensätze gehen, um gesellschaftliche Spannungen, geistige Sackgassen und emotionale Freiräume. Es handelt sich nicht um ein akademisches Buch, sondern vielmehr um einen Versuch, die Debatte rund um LGBTQ Themen ein wenig zu kontextualisieren und vielleicht den einen oder anderen Denkanstoß zu geben. Der Moment, in dem dieses Buch entsteht, ist der einer ambivalenten Bewegung zwischen Fortschritt, Stagnation und Rückschritt von Sichtbarkeit, Anerkennung, Akzeptanz und Rechten von queeren Menschen.

Queere Menschen? Damit sind in diesem Essay all jene gemeint, die nicht in die heterosexuelle, binäre Norm passen oder passen wollen, die unsere Gesellschaft nach wie vor prägt. Dabei wird häufig auch die englische Abkürzung LGBTQ, also lesbian, gay, bi, trans und queer, als sogenannter *umbrella term* verwendet. Ein Begriff als Regenschirm sozusagen. Eigentlich gar kein schlechter Ausgangspunkt, um über eine Gruppe von Menschen, ihre Lebensrealitäten und Geschichten zu reflektieren, die oft von der Gesellschaft ausgegrenzt wurden und werden und die, um das alles zu überstehen und zu bekämpfen, sich zusammengetan haben zu einer Gemeinschaft – einer Community. Wie es im eingangs zitierten Song von Rihanna heißt: Wenn die Sonne scheint, dann scheinen wir zusammen und jetzt, wo es regnet, hast du einen Platz unter meinem Regenschirm.

Genau das gilt auch für uns als queere Community. Wir müssen zusammenstehen, in guten wie in schlechten Zeiten.

I'm more than a woman, more than a man
I feel larger than life, you must understand.
(The Lunachicks, „Mr. Lady")

It's all about sex?

Sexuelle Orientierung und Geschlechtsidentität gehören heute zu den am meisten diskutierten und polarisierenden Themen in unserer Gesellschaft. Warum aber ist das so? Und geht es wirklich immer nur um Sex? Ist denn wirklich alles erreicht für LGBTQ Personen? Warum machen *die* denn immer so einen Wirbel um ihre Sexualität? Sollte es denn nicht privat sein, was jemand im Schlafzimmer tut? Im ersten Kapitel dieses Essays sollen genau diese Fragen beantwortet werden.

Egal, wo man hinschaut, queere Personen scheinen überall zu sein. Also: Eigentlich waren sie schon immer überall, aber nun auch in der Öffentlichkeit. Aber warum drängen uns diese Menschen ihr Geschlecht, ihre Identität so auf? Wenn man einmal einen Schritt zurück macht und die aktuellen Debatten um Sichtbarkeit, Rechte und Identität von LGBTQ Personen aus der Vogelperspektive betrachtet, dann wird schnell klar, dass es oft nicht die Personen sind, um die es in den Debatten geht, die in der Öffentlichkeit so laut sind. Es sind vor allem deren Gegner:innen, die diese Debatten so erbittert führen und ihnen so viel Raum in der Öffentlichkeit einräumen. Debatten, die im Übrigen nur sehr selten mit wirklichen Informationen geführt werden, sondern vielmehr geprägt sind von Gefühlen und Vorurteilen.

Ein Thema, das in diesem Kontext vor allem polarisiert, sind Toiletten für Transpersonen. Wobei, eigentlich nur für Transfrauen. Und die wollen eigene Toiletten? Nicht einmal das. Sie wollen nur Zugang zu den Frauentoiletten. Dabei geht es nicht darum, etwas abzuschaffen oder jemandem etwas wegzunehmen, sondern der zentrale Punkt ist ganz einfach, Frauen den Zugang zu Frauentoiletten zu ermöglichen. That's it. Alle bekannten Beispiele von Ländern, bei denen dies auch offiziell eingeführt wurde, weisen darauf hin, dass es nicht mehr Belästigung und auch keinen Anstieg von Übergriffen auf Frauen auf Toiletten gibt.[2] Woher kommt dann das Bild einer Bedrohung durch Transfrauen, das viele Kritiker:innen offenbar haben? Es wird bewusst geschaffen. Und hier lässt sich ein Muster beobachten, das wir aus der Geschichte nur allzu gut kennen. Menschen, die scheinbar nicht der Norm entsprechen, werden als etwas Gefährliches, Abnormales, Perverses konstruiert. Das war in den 1980ern bei Schwulen so und ist heute bei Transpersonen genauso. Dabei könnte es doch so einfach sein. Transfrauen sind Frauen sind Frauen. Und im Übrigen, denken wir Österreicher:innen oder Deutsche doch beispielsweise an Urlaube in Italien oder England, wo Unisex-Toiletten gang und gäbe sind. Nicht ideal? Vielleicht. Aber sicherlich auch kein großes Problem.

Das ist alles Teil der Kulturkampf-Strategie der extremen Rechten, deren Taktik in der Emotionalisierung und Polarisierung gesellschaftspolitischer Agenden besteht. Dazu wird mit Halbwahrheiten, Anekdoten und blanken Lügen gearbeitet. Ziel ist es, Debatten über bestimmte Themen gar nicht zuzulassen. Ein häufiges Argument, das gegen LGBTQ Rechte oder mehr Sichtbarkeit von nicht-heterosexuellen Personen vorgebracht wird, ist, dass diese doch nichts Autochthones seien, das aus unserer Gesellschaft komme, sondern etwas von außen Importiertes. Pride als US-Import? So einfach ist das nun wirklich nicht. Es hat immer Menschen gegeben, die sich als nicht-heterosexuell identifizieren oder nicht in klassische Geschlechterrollen passen und es wird sie auch immer geben.

Dass wir mehr Raum in der Öffentlichkeit einnehmen als noch vor 50 Jahren ist gut, richtig und wichtig. Aber es sind nicht wir, die das Thema polarisieren. Die Hass und Hetze verbreiten. Wir wollen nur wir selbst sein.

Unsere Gesellschaften waren immer diverser, als es sich manche wünschen oder auch nur vorstellen können. Diversität war immer schon da. Sei es durch unterschiedliche sexuelle Orientierungen und Geschlechtsidentitäten, durch Menschen mit und ohne Behinderung, Menschen mit verschiedenen Hautfarben und durch Menschen, die hier geboren sind oder auch nicht. Und ja, Gesellschaften wandeln sich. Mehr Sichtbarkeit und Rechte für Minderheiten scheinen manchen Menschen ein Gefühl der Bedrohung einzuflößen. Jemand, der anders ist als man selbst, oder der vielleicht so ist, wie man selbst gern wäre, wenn man sich trauen würde, wird dann sehr schnell zum Feindbild. Das hat wohl viel mit dem eigenen Denken, dem sozialen Umfeld und gesellschaftlichen Traditionen zu tun.

Koriander

Warum aber ist es relevant, welche sexuelle Orientierung ich habe? Der Begriff an sich klingt schon so technisch. Das suggeriert eine Klassifikation, eine Einteilung der Menschen, die rein auf sexuelles Begehren ausgerichtet ist. Dabei ist das, was wir heute unter sexueller Orientierung verstehen, noch gar nicht so alt. Vor dem 19. Jahrhundert gab es diesen Begriff nicht. Heterosexueller Geschlechtsverkehr galt als normale Praxis und Beziehungen zwischen Personen des gleichen Geschlechts wurden nicht als romantisch oder sexuell imaginiert, so wie wir es heute kennen. Eine Ausnahme bildet dabei natürlich die Antike, in der dies durchaus üblich war. Diese Perspektive mit dem Fokus auf Klassifikation von Sexualität ist auch eine zutiefst westlich und christlich geprägte. In vielen nicht-westlichen Gesellschaften und Kulturen gab und gibt es vielfältige Konzepte von sexueller Orientierung und Geschlechtsidentität. Selten sind sie ein Thema, das diese spaltet.

Warum aber ist meine Identität überhaupt politisch? Geht es denn nicht auch ohne Klassifizierung? Konträr zur Annahme, dass es queere Menschen seien, die immer über die eigene Sexualität, die eigene Identität sprechen wollten, haben es Jahrzehnte, ja Jahrhunderte der Diskriminierung und Ausgrenzung erst notwendig gemacht, dies zu tun. Wir wissen nicht erst seit Michel Foucault und seinen Werken wie „Sexualität und Wahrheit"[3], dass Sexualität immer auch eng mit Macht und Hegemonie verknüpft ist. Worüber kann man, ja darf man in einer Gesellschaft sprechen? Wenn ein heterosexueller Kollege am Montagmorgen in der Kaffeepause von seinem Wochenende erzählt und davon, was er mit seiner Partnerin erlebt hat, dann passiert das häufig, ohne dass er viel nachdenkt. Und schon hier, im Kleinen, beginnt die Differenzierung. Jeder Mensch, der nicht heterosexuell ist, überlegt sich dreimal, ob er von seinem Wochenende und seinem Partner oder seiner Partnerin erzählen soll. Selbstverständlich ist die Situation heute eine andere als in den 1950ern. Und dennoch sind wir gesellschaftlich noch lange nicht so weit, dass jede und jeder – unabhängig von Kontext und Umfeld – von gleichgeschlechtlichen Partnerschaften erzählen kann. Für manche scheint dies eine Kleinigkeit zu sein und vielleicht ist es das auch. Gleichzeitig veranschaulicht dieses kleine Beispiel sehr gut, dass es eine andere Art von Bewusstsein im öffentlichen Raum, im Betrieb, in der Schule oder der Uni gibt. Kann ich oder will ich mich in diesem Kontext outen? Oder lasse ich es lieber, um nicht gleich in eine Schublade gesteckt zu werden? Ich erinnere mich an eine Begegnung in der Uni, als nach dem Seminar eine Kollegin, mit der ich mich sehr gut verstand, zu mir kam und sie, als ich beiläufig erwähnte, dass ich einen Partner hatte, meinte, sie habe immer schon einen schwulen Freund gewollt. Schon war ich in der Schublade. In diesem Fall sicherlich eine positive – und aus dieser Begegnung ist eine wunderbare Freundschaft entstanden. Und dennoch, auch diese Anekdote veranschaulicht sehr schön, dass die sexuelle Orientierung eben immer noch und auch immer wieder eine Rolle spielt. Heute hört man von einigen queeren Menschen, dass sie sich nicht outen wollen oder gar keinen Sinn in einem Outing sehen, da ihre sexuelle Orientierung doch *normal* sei und nicht einmal der Rede wert. Natürlich gibt es Argumente für diese Perspektive, nicht zuletzt jenes, dass es eben Privatsache ist, wen man begehrt, wen man liebt. Es bleibt aber Realität, dass es eine Rolle spielt in der Gesellschaft, ob nun eine positive oder eine negative.

Warum aber teilen wir Menschen danach ein, wie und wen sie lieben? Könnte man, wenn es schon eine willkürliche Einteilung in gesellschaftliche Schubladen geben muss, nicht andere Kategorien verwenden? Warum ist nicht eine der ersten Fragen, die man sich stellen muss, wenn man aufwächst und seine Identität entdeckt: Mag ich eigentlich Koriander? Oder bin ich einer derjenigen Menschen, die keinen Koriander mögen? Auch das kann polarisieren. Selbstverständlich sind die eigene Geschlechtsidentität und sexuelle Orientierung sehr viel komplexere Sachen, und dennoch bleibt im Kern die Frage: Wo gehöre ich dazu?

Sexuelle Orientierung und Geschlechtsidentitäten

Sexuelle Orientierung ist nicht gleich Geschlechtsidentität. Liebe und sexuelle Anziehung nehmen eine ganze Reihe unterschiedlicher Formen an. In wen wir uns verlieben, wer eine sexuelle Anziehung auf uns ausübt oder ob wir überhaupt je Lust auf Sex verspüren, ist individuell verschieden. Wichtig ist: Eine falsche Art zu lieben oder zu begehren gibt es nicht. Obwohl viele Gemeinsamkeiten und Überschneidungen hinsichtlich sexueller Orientierung und geschlechtlicher Identität bestehen, gibt es ebenso viele Unterschiede, sowohl innerhalb jeder Gruppe als auch zwischen diesen beiden Dimensionen von *Diversity*. Es ist wichtig, sie nicht durcheinanderzubringen. Die gängige Abkürzung LGBTQ und andere Varianten davon erwecken den Eindruck, es gehe um eine homogene Gruppe von Menschen. Das ist keineswegs der Fall. Es ist zu unterscheiden zwischen sexueller Orientierung und Geschlechtsidentität.

Beim Begriff der sexuellen Orientierung geht es darum, zu Menschen welchen Geschlechts sich ein Mensch emotional, körperlich und/oder sexuell hingezogen fühlt. Die Vielfalt an sexuellen Orientierungen ist größer, als den meisten bekannt ist: neben den Eingrenzungen homosexuell, bisexuell, asexuell, heterosexuell und pansexuell gibt es viele weitere Varianten und Abstufungen. Homosexuelle Menschen empfinden Liebe und Begehren zu Menschen des eigenen Geschlechts. Bisexuelle Menschen empfinden Liebe und/oder Begehren zu Männern und Frauen. Pansexuelle Menschen empfinden Liebe und Begehren für Menschen, unabhängig von deren Geschlecht. Sie können sich in alle Menschen verlieben. Asexuelle Menschen empfinden keine oder wenig sexuelle Anziehung und haben kein oder nur seltenes Interesse an sexueller Interaktion mit anderen Menschen.

Beim Begriff der Geschlechtsidentität hingegen geht es darum, ob das einer Person von außen zugewiesene

Geschlecht mit dem eigenen Empfinden übereinstimmt oder nicht. Bei der Geburt wird uns bis heute aufgrund biologischer Merkmale ein Geschlecht zugewiesen. Dieses ist in der Regel entweder männlich oder weiblich, selten intergeschlechtlich. Die Zuweisung ist nicht immer deckungsgleich mit der eigenen Geschlechtsidentität. Diese basiert nämlich darauf, welchem Geschlecht sich eine Person selbst zugehörig fühlt. Es ist zudem möglich, dass wir uns beiden oder gar keinem Geschlecht zuordnen. Die Geschlechtsidentität kann darüber hinaus fluide sein und sich im Verlauf des Lebens verändern. Das hängt nicht mit der sexuellen Orientierung eines Menschen zusammen.[4]

Es geht immer nur um Sex?

Wenn wir über sexuelle Orientierung und Geschlechtsidentität sprechen, dann denken viele wohl sogleich an Sex. Also an schwulen Sex. Lesbischer Sex wurde und wird meist negiert oder in die Welt der Pornografie ausgelagert. Dass Frauen ein eigenes Begehren haben und nicht unbedingt einen Mann brauchen, um es zu stillen, scheint für viele Männer nach wie vor unvorstellbar. Frauen wurde historisch gesehen oft generell eine eigene Identität abgesprochen, warum also nicht auch eine eigene sexuelle Orientierung? In diesem Kontext ist Österreich wieder einmal ein kurioser historischer Ausreißer. Als eines der wenigen Länder der Welt hat

Österreich (damals das Kaiserreich Österreich-Ungarn) bereits 1852, in den ersten Gesetzesparagrafen, die gleichgeschlechtliche sexuelle Aktivitäten unter Strafe stellten, explizit auch Frauen erwähnt. In Deutschland gab es dies beispielsweise nicht. Dort war nur Sex unter Männern strafbar. Aber dazu später mehr.

„Schwule sind für diese Leute nichts weiter als wandelnde Kopulationen", bringt es die irische Aktivistin Panti Bliss auf den Punkt. Diese sexualisierte Außenwahrnehmung verschiebt jede noch so harmlose Zuneigungsbekundung in den Bereich der sexuellen Intimität, und solcher „Schmuddelkram" hat doch in der Öffentlichkeit nichts verloren.[5] Hier wird deutlich, dass mit zweierlei Maß gemessen wird, wenn es um Sex und Öffentlichkeit geht. Sex hat in der Öffentlichkeit nichts verloren, so der gesellschaftliche Konsens. Bei Heterosexuellen soll lediglich die explizite sexuelle Intimität unsichtbar bleiben, bei Menschen mit anderen sexuellen Orientierungen dagegen soll nichts sichtbar sein, was auch nur entfernt mit Beziehungsleben zu tun hat. Die tief liegenden Schamkomplexe, die in unserer Gesellschaft mit Sexualität im engeren Sinn verbunden sind, werden der Identität übergestülpt. Gleichzeitig ist übersexualisierte heterosexuelle Werbung im öffentlichen Raum überall sichtbar. Ein Paradox.

Lesbische Frauen, die nicht den gängigen Klischees entsprechen, werden kaum wahr- und in ihrer Sexualität ernst genommen. Wie Caroline Rosales in ihrem Beitrag für die *Zeit*[6] beschrieb: Lesbische Frauen, ja, das waren die „Übriggebliebenen", die „alten Jungfern", die keinen Mann abbekommen oder als „Emanzen", als „Kampflesben" völlig von den Männern Abstand genommen hatten. *Lesbe* war lange Zeit ein Schimpfwort, das waren die mit den Karohemden, Kurzhaarfrisuren, Latzhosen. (…) Am Ende entsteht so ein Teufelskreis: Lesbische Frauen outen sich nicht, weil sie Stigmatisierung fürchten, und leben ihre sexuelle Identität nur innerhalb einer bestimmten Community aus. Ihre Privatsache, könnte man sagen. Dieser Zustand hat nur leider den Nachteil, dass Frauen ganz allgemein weniger Möglichkeiten haben, ihre Interessen in die Gesellschaft einbringen zu können. Denken wir nur an das Recht auf einen beratungsfreien und legalen Schwangerschaftsabbruch, weibliche Selbstermächtigung oder mehr Rechtssicherheit für Regenbogenfamilien.

Gesellschaften brechen (auf)

Die Häufung der Anti-LGBTQ-Rhetorik in Europa ist Teil eines globalen Trends. In ganz Europa wird intensiv darüber nachgedacht, wie z.B. die Sicherheit von Teilnehmer:innen bei Pride-Paraden, Drag-Shows und anderen Veranstaltungen gewährleistet werden kann. Die Verbreitung von Desinformation und Hassreden im Zusammenhang mit LGBTQ Themen steht in offensichtlichem Zusammenhang mit körperlichen Angriffen gegen LGBTQ Personen in Europa allgemein. Diese vermehrt wahrnehmbare Queerfeindlichkeit ist Teil einer weltweit zunehmenden Anti-LGBTQ-Stimmung, die sich auch bei uns manifestiert.[7] Der Anstieg an Desinformation und Hass – online wie offline – ist umso besorgniserregender, nachdem es im Sommer 2023 während der Pride-Veranstaltungen in Europa zu einer Welle von Gewalt kam. Bei öffentlichen Veranstaltungen gerät die Community nämlich besonders unter Druck, man denke nur an Angriffe auf Teilnehmer:innen in Deutschland oder die Gewalt gegen Transpersonen oder die Proteste gegen Veranstaltungen von und mit Dragqueens. Und diese Öffentlichkeiten sind heute mehr und mehr transnational. Ein Social-Media-Beitrag auf Polnisch, in dem fälschlicherweise behauptet wurde, die Armee werde „LGBT-Einheiten" aufstellen, wurde in weiteren osteuropäischen Staaten auf Telegram, Twitter und Facebook geteilt, was in der ganzen Region zu einer Welle an Aufregungen und Anfeindungen führte. Ein weiteres Beispiel dafür, wie schnell und ungefiltert Falschmeldungen durch Europa wandern, kommt aus Frankreich. Der Arc de Triomphe in Paris solle in eine Regenbogenkunstinstallation verwandelt werden, so die Behauptung. Scheinbar belegt wurde diese mit Bildern, auf denen ein in einen Regenbogen gehüllter Triumphbogen zu sehen war. Die Aufregung war wieder einmal groß. Die öffentliche Debatte ebenso. Der Haken an der ganzen Sache war allerdings, dass weder Meldung noch Bilder echt waren.[8] Das aber tut dann, wenn die öffentliche Aufregung erst einmal wirklich in Fahrt ist, oft nichts mehr zur Sache. Was aber sehr wohl etwas zur Sache tut, ist die steigende Aggression und Ablehnung, die durch solche Falschmeldungen entstehen und die ganz reale Konsequenzen für queere Menschen haben. Hass entlädt sich eben nicht nur im Internet.

Wir beobachten heute in vielen westlichen Gesellschaften eine parallele Entwicklung von einem Ausbau der Rechte und mehr Akzeptanz einerseits und einer steigenden Queerfeindlichkeit andererseits. Wie aber kommt es dazu, dass die Rechte von vergleichsweise wenigen Menschen für so viel Polarisierung in Politik und Gesellschaft sorgen? Wenn wir von einem Ausbau der Rechte sprechen, dann wird von konservativer oder rechter Seite oft argumentiert, wir würden mehr wollen, mehr Rechte, mehr Sichtbarkeit, mehr Anerkennung. Dabei ist dieses Mehr doch lediglich ein Versuch des Ausgleichs, nach Jahrzehnten der Ausgrenzung und Diskriminierung. Es geht nicht um mehr, sondern nur um gleiche Rechte. Wenn etwa gleichgeschlechtliche Paare ein Recht auf Ehe einfordern, dann ist das nicht der Wunsch nach irgendwelchen Sonderrechten oder einer Extrabehandlung. Es geht schlicht und einfach darum, die gleichen Rechte zu haben wie jedes heterosexuelle Paar auch. Gleichberechtigung ist das Ziel, Gleichstellung von Menschen, unabhängig von ihrer sexuellen Orientierung oder Geschlechtsidentität.

Der von ILGA Europe[9] erstellte „Rainbow Index" der letzten Jahre zeigt, dass Homo- und Transphobie in Deutschland und Österreich stetig zurückgehen.[10] Es gibt in diesem Zusammenhang mehr und mehr Toleranz und auch Akzeptanz in der Gesellschaft. Doch leider ist diese Entwicklung kein kontinuierlicher Fortschritt. Das Thema ist politisch hart umkämpft. Wie aber kommt es dazu, dass ein Thema, bei dem es eigentlich so gut wie Einigkeit in der Bevölkerung gibt, derart polarisiert und umstritten diskutiert wird? Es gibt sie, diese kleine, laute, schrille Minderheit, über die sich Rechtspopulist:innen oft beklagen. Was sie aber übersehen: Es ist gar nicht die LGBTQ Community, die hier laut und schrill agiert, sondern es sind sie selbst. Und *sie* sind die Minderheit. Zum Glück, möchte man aus progressiver oder liberaler Perspektive meinen, jedoch hat diese Rhetorik der Ausgrenzung und des Hasses ganz konkrete Konsequenzen – auch wenn sie nur von einer Minderheit betrieben wird. Diese Polarisierung ist gefährlich, nicht nur für junge queere Menschen, sondern auch für die Gesellschaft insgesamt. Eine Studie[11] des „Trevor Project" in den USA hat erst kürzlich eindringlich gezeigt, wie stark sich Hass und Ausgrenzung auf die psychische Gesundheit von queeren Jugendlichen auswirken.

Erstaunlicherweise gibt es aber gleichzeitig in der Gesellschaft eine grassierende Apathie gegenüber LGBTQ Themen. Mehr und mehr Menschen, so scheint es, haben das Thema einfach satt. Was wollen die denn noch?, hört man oft. Auch das ist ein Phänomen unserer Zeit. Wir sehen eine politische Apathie gegenüber den Forderungen von LGBTQ Personen oder Organisationen. Aber auch das ist nicht nur für diesen Teil der Gesellschaft zu beobachten. Vielmehr erleben zahlreiche zivilgesellschaftliche Gruppen, dass ihre Forderungen, etwa nach mehr Klimaschutz, mehr Frauenhäusern oder mehr Chancen für Migrant:innen, als Nischenthemen abgetan werden. Insofern lässt sich eine Tendenz zur Partikularisierung und Individualisierung der Gesellschaft feststellen.

Verlagerung politischer Kämpfe

Wie oben erwähnt, beschrieb der französische Philosoph Michel Foucault bereits in den 1970ern, dass Sexualität ein für Machtbeziehungen besonders wichtiges Konstrukt ist, da sie eine Schnittstelle zwischen den Individuen und der Bevölkerung im Großen darstellt und beide verwaltet. Außerdem lässt sich beobachten, dass immer mehr politische Kämpfe um LGBTQ Themen scheinbar außerhalb der klassischen politischen

Arena geführt werden. Die Forderung beispielsweise, dass Politik in der Schule nichts zu suchen habe, ist an sich bereits höchst politisch. Sie wird natürlich nur dann von rechter oder konservativer Seite erhoben, wenn es darum geht, die vielfältige Realität abzubilden.

In den USA haben die Republikaner in den letzten Jahren ein Thema gefunden, das nicht nur die Gemüter erhitzt, sondern auch das politische Klima insgesamt: Schulbücher. Es sind vor allem Eltern und Lokalpolitiker:innen, die Bücher wegen angeblich sexuellen Inhalts eliminieren wollen. Dabei geht es nicht einmal um Sexualaufklärung, sondern jegliche Erwähnung von Diversität. Überall im ganzen Land werden die Schulbücher durchforstet und vor allem die Republikaner haben das populistische Potenzial der Schul-Front im Kulturkampf erkannt. Sie schicken ihre Anhänger:innen in die Schulaufsichtsräte, um dort zu beeinflussen, was in den Lehrplänen steht. Und dabei geht es nicht nur um LGBTQ Themen, sondern auch um Rassismus. So soll oft im gleichen Atemzug wie LGBTQ Themen auch die Critical Race Theory verboten werden, eine Denkschule, die sich um die Aufdeckung der Strukturen des Rassismus in den USA bemüht. Seit dem Sommer 2023 gibt es etwa in Florida das sogenannte *Don't Say Gay*-Gesetz, das besagt, dass sexuelle Orientierung und Geschlechtsidentität bis zur zwölften Klassenstufe nicht mehr Teil des Unterrichts sein dürfen. Unterrichtsmaterialien, die Unterschiede zwischen Geschlecht, Orientierung und Identität altersgerecht erläutern, können nicht mehr eingesetzt werden.

Aber nicht nur Schulen, auch Gerichte werden in den USA mit wachsender Häufigkeit zu Schauplätzen politischer Kämpfe rund um LGBTQ Rechte. So hat etwa der Oberste Gerichtshof der USA entschieden, dass bestimmte Geschäfte Dienstleistungen für gleichgeschlechtliche Hochzeiten ablehnen dürfen. Die sechs konservativen Richter:innen begründeten dies mit dem verfassungsmäßigen Recht auf Meinungsfreiheit. Ein gegenteiliges Gesetz könne sonst von der Regierung missbraucht werden, um jemanden zu einer Aussage zu zwingen, die nicht dessen Meinung entspräche, hieß es in der Begründung.

Solche Muster des Kulturkampfs sehen wir inzwischen auch bei uns. Die Debatten rund um Geschlecht und Sexualität kochen derzeit in ganz Europa hoch – in unterschiedlicher Intensität und auf unterschiedlichen Feldern.

Ein Blick nach Osten

In Ungarn, Polen und anderswo in Mittel- und Osteuropa ist, wie bei uns auch, in den letzten Jahren ein deutlicher Anstieg von Toleranz und Akzeptanz gegenüber LGBTQ Personen zu beobachten. An vielen Orten entstehen lokale LGBTQ Netzwerke oder queere Orte der Begegnung. Die Gesellschaft im Großen und Ganzen wird also scheinbar toleranter. Und trotzdem zeigen sich gleichzeitig Hass und Homophobie in der Öffentlichkeit, da sie gezielt von manchen Regierungen und konservativen oder rechten Parteien und Gruppierungen geschürt werden. In Polen wurde das in den letzten Jahren besonders deutlich. Die nationalkonservative polnische Partei Recht und Gerechtigkeit (PiS) agierte seit Längerem aktiv gegen eine angebliche „LGBT-Ideologie", die aus dem Westen importiert werde. Diese zerstöre aus Sicht der PiS das „traditionelle Familienmodell" in dem katholisch geprägten Land. Vor den Parlamentswahlen 2019 sagte der PiS-Chef Jarosław Kaczyński bei einer Versammlung von Laienkatholiken in der Innenstadt von Włocławek: „Diese Ideologien, Philosophien, all das ist importiert, das sind keine internen polnischen Mechanismen. Sie stellen eine Bedrohung für die polnische Identität, für unsere Nation, für ihre Existenz und damit für den polnischen Staat dar."[12] Seitdem hat sich die Rhetorik noch verschärft. Kaczyński unterstellte, dass gleichgeschlechtliche Paare das Recht auf Adoption von Kindern aus dem Wunsch nach sexueller Befriedigung fordern würden. Der Erzbischof von Krakau bezeichnete in einer Predigt anlässlich des 75. Jahrestages des Warschauer Aufstands die Aktivist:innen für die Rechte von LGBTQ Bürger:innen als „Regenbogenplage" und verglich sie mit dem Nationalsozialismus und dem Sowjetkommunismus.[13]

Vor diesem Hintergrund erklärten sich 2019 rund 100 Städte und Dörfer in Polen zu sogenannten „LGBT-freien Zonen" – vor allem im traditionell streng katholischen Süden und Südosten des Landes. „Homosexuelle, bisexuelle oder transgender Personen" seien dort unerwünscht, so die Erklärung. Als Reaktion darauf, und vor allem auch zur Warnung für queere Menschen, verzeichneten polnische Aktivist:innen diese Orte in einem digitalen „Atlas des Hasses".[14] Zwei Gerichte haben Beschlüsse zweier Gemeinden für „ungültig" erklärt, in denen diese sich für die Stärkung der Rolle der traditionellen Familie und gegen das angebliche Vordringen einer „LGBT-Ideologie" ausgesprochen hatten.[15]

Nach Kritik und vor allem finanziellem Druck seitens der EU haben einige Städte und Regionen ihren Status als sogenannte LGBT-freie Zonen wieder aufgehoben. Im Oktober 2023 wurde die nationalkonservative Regierung abgewählt, die neue Koalition unter Donald Tusk versucht seither, das Land wieder in eine andere politische Richtung zu lenken. Und dennoch bleibt Polen ein strukturkonservatives Land und ein Ausbau von LGBTQ Rechten steht nicht weit oben auf der politischen Agenda. Unverändert herrscht dort ein Klima von Ausgrenzung und Angst. In einer kürzlich durchgeführten Umfrage wurden die Pol:innen gebeten, die ihrer Meinung nach größten Bedrohungen im 21. Jahrhundert anzugeben und dabei aus Optionen wie der Klimakrise, erneuter Aggression Russlands und einem möglichen wirtschaftlichen Abschwung zu wählen. Bei Männern unter 40 war die beliebteste Antwort „die LGBT-Bewegung und die Gender-Ideologie". Diese Umfrage[16] zeigt also sehr gut, wie die Kampagne der Regierung gegen die nebulöse Bedrohung durch eine „LGBT-Ideologie" Wirkung zeigte. Die Rhetorik hatte in der gesamten Region Wirkung. Eine Studie der Universität Warschau im vergangenen Jahr ergab, dass mehr als zwei Drittel der Menschen, die sich in Polen als LGBTQ identifizieren, psychische oder physische Gewalt erlitten haben und 70 % der Teenager, die sich als LGBTQ identifizieren, Selbstmordgedanken hatten.[17] Bei einer kürzlichen Pride-Parade in der ostpolnischen Stadt Białystok griffen rechtsextreme Schläger die Teilnehmer:innen körperlich an, nachdem der örtliche Erzbischof die Veranstaltung öffentlich angeprangert hatte. Die zunehmende Homo- und Transphobie hat aber auch zu einer Welle an Solidarität und Aufmerksamkeit geführt, sowohl innerhalb der LGBTQ Community als auch in der gesamten Gesellschaft. In Polen wurde etwa auf X (Twitter) eine Online-Kampagne #jestemLGBT (Ich bin LGBT) gestartet, bei der sich tausende von Menschen offen zu ihrer sexuellen Orientierung bekannten, sich outeten oder einfach ihre Unterstützung zeigten.

In Ungarn, wo die Kirche weniger mächtig ist als in Polen, ist Homophobie auch gesellschaftlich nicht so tief verwurzelt. Budapest war beispielsweise eine der ersten Städte in der Region Osteuropa, in der in den 1990ern eine Pride-Parade veranstaltet wurde. Doch in den letzten Jahren hat sich die regierende Fidesz-Partei des rechtspopulistischen Ministerpräsidenten Viktor Orbán immer mehr auf ein neues Feindbild eingeschossen: LGBTQ Personen. Eine der wesentlichen Grundlagen der Fidesz-Politik besteht darin, den Ungar:innen einen gemeinsamen Feind zu bieten. Nachdem viele Jahre lang vor allem Migrant:innen das zentrale Feindbild von Orban und Fidesz waren, werden es nun zunehmend auch Menschen, die scheinbar nicht der Norm entsprechen. Zusätzlich zu dieser aktiv betriebenen Homo- und Transphobie gibt es dann noch eine Prise Antisemitismus und Ressentiments gegen Brüssel und fertig ist die klassische populistische Agenda. Dieses Phänomen, in Ungarn exemplarisch sehr gut zu beobachten, sehen wir in sehr vielen Gesellschaften weltweit. Von Donald Trump in den USA über Fidesz in Ungarn und PiS in Polen zu AfD in Deutschland und FPÖ in Österreich. Rechtspopulismus ist heute transnational, auch wenn dies vielleicht auf den ersten Blick paradox erscheint. Es findet hier ein Austausch von Ideen und politischen Kampagnen statt.

Polen und Ungarn sind natürlich plakative Beispiele für staatlich geförderte oder betriebene Homo- und

Transphobie, trotzdem sind diese Tendenzen in vielen mittel- und osteuropäischen Ländern zu beobachten. In Ländern wie Litauen und Serbien beispielsweise ist es nach wie vor sehr schwierig, offen nicht-heterosexuell zu leben. Und dennoch ist die Lebensrealität von queeren Menschen in der Region komplexer, als man vermuten möchte. So auch die politischen Umstände. In Tschechien beispielsweise ergab erst kürzlich eine Umfrage, dass 75 % der Befragten einen Gesetzesentwurf unterstützten, der die Möglichkeit einer gleichgeschlechtlichen Ehe gesetzlich verankern würde.[18] In der Slowakei tritt Präsidentin Zuzana Čaputová immer wieder für mehr Rechte für LGBTQ Personen ein. Und doch scheint es, als wäre der Eiserne Vorhang, der einst Europa in einen kommunistischen Osten und einen kapitalistischen Westen teilte, für LGBTQ Personen immer noch nicht ganz überwunden.

Der Balken im eigenen Auge

Wir müssen aber gar nicht nach Osteuropa schauen. Auch in Deutschland und Österreich findet Diskriminierung gegen LGBTQ Personen jeden Tag statt. Sei es ein homophober Kommentar online, eine abwertende Bemerkung auf der Straße oder ein körperlicher Angriff. Auf den Straßen, im Supermarkt, in den Öffis oder im Fitnessstudio: Homo- und Transphobie ist ein allgegenwärtiges Problem. Man ist – wie Philipp Köpp kürzlich im *Esquire* beschrieb – in Alarmbereitschaft, sobald man sich in den öffentlichen und damit ungeschützten Raum begibt. Und das aus gutem Grund: Die Zahl der Gewalttaten gegenüber queeren Menschen hat sich in Deutschland in den vergangenen vier Jahren verdoppelt. Gezählt werden aber nur die angezeigten Taten, die Dunkelziffer dürfte wesentlich höher sein, denn die Hemmschwelle, zur Polizei zu gehen, ist hoch. Es kann deshalb kaum verwundern, dass die Depressions- und Suizidrate unter queeren Menschen deutlich höher ist als unter Heterosexuellen. Denn wem tagtäglich vermittelt wird, nicht erwünscht zu sein, der zweifelt die eigene Daseinsberechtigung irgendwann auch an.

Der Journalist und Autor Jürgen Pettinger hat das in einem Gastbeitrag für die Tageszeitung *Die Presse* sehr deutlich formuliert: „Obwohl es also entgegen der düsteren Prophezeiung vieler besorgter Mütter heute sehr wohl möglich ist, als schwuler Mann glücklich zu sein, muss die LGBTQ Community nach wie vor mit wehenden Regenbogenfahnen in der Mitte der Gesellschaft stehen, um nicht neuerlich an den Rand gedrängt zu werden. (...) Auch heute brauchen queere Menschen noch enorm viel Geradlinigkeit, Mut und Courage zum Leben. Mehr denn je sind aber jetzt, da rechtlich fast alles selbst erkämpft wurde, auch die Politik und die Zivilgesellschaft gefordert, sich aktiv an die Seite der LGBTQ Community zu stellen.“[19]

They say I do it, ain't nobody caught me
Sure got to prove it on me;
Went out last night with a crowd of my friends
They must've been women, 'cause I don't like no men.
(Ma Rainey, „Prove It On Me Blues")

Ausgrenzung und Kriminalisierung

Die Geschichte der LGBTQ Bewegung wirkt oft wie eine einfache, lineare Entwicklung der sukzessiven Erlangung von Rechten, und generell gesprochen: wie eine Fortschrittserzählung. Und dennoch ist die Realität komplexer. Geschlechter- und Sexualitätspolitiken waren immer schon ein vielschichtiges, spannungsreiches Politikfeld, in dem die unterschiedlichsten Identitäten, Perspektiven und Ideologien aufeinandertrafen und -treffen. Dabei spielen sowohl Staat als auch Gesellschaft eine gewichtige Rolle. Staatliche Regulierungsformen der Sexualität sind nicht nur historisch bedingt und in diesem Sinne Veränderungen unterworfen, sondern sie sind auch eingebettet in politische, soziale, kulturelle und rechtliche Auseinandersetzungen um ihre gesellschaftliche Bedeutung und Definition. Das folgende Kapitel gibt einen kurzen historischen Überblick über den rechtlichen und politischen Hintergrund der LGBTQ Bewegung in Deutschland und Österreich, um die heutigen politischen und gesellschaftlichen Debatten besser zu verstehen.

Verfolgung und Entkriminalisierung

Vor mehr als 20 Jahren, im Juni 2002, wurde das letzte Gesetz in Österreich abgeschafft, mit dem gleichgeschlechtlich liebende Menschen strafrechtlich verfolgt wurden. Damit war Österreich, wie in vielen anderen Gleichstellungsfragen, einmal mehr das Schlusslicht in Europa. In Deutschland war es vor allem Paragraf 175 Strafgesetzbuch (StGB), der über 123 Jahre lang Homosexualität kriminalisierte und staatliche Verfolgung von schwulen und bisexuellen Männern legitimierte. Erst am 11. Juni 1994 wurde Paragraf 175 StGB endgültig abgeschafft und seither gibt es in Deutschland keine strafrechtliche Verfolgung von homosexuellen Handlungen mehr. In einem weiteren Schritt hob der Deutsche Bundestag im Jahr 2000 die auf Grundlage des Paragrafen 175 gefällten Urteile aus der Zeit des Nationalsozialismus auf. Die strafrechtliche Verfolgung nicht heterosexueller Menschen hat in ganz Europa eine lange und tragische

Tradition. Schon seit dem ersten gemeinsamen Strafrechtskatalog aus der Zeit Maria Theresias wurde „Unzucht wider die Natur“, also gleichgeschlechtlicher Sex, im Habsburgerreich strafrechtlich verfolgt. Und das war erst der Anfang. Verhängnisvoll war diese Regelung vor allem deshalb, weil sie bis in die Zweite Republik hinein wirksam war und – auch das ein österreichisches Unikat – nicht nur Männer, sondern ebenso Frauen verfolgt wurden. Auch im Deutschen Kaiserreich war die Situation ähnlich, sexuelle Handlungen zwischen Personen männlichen Geschlechts wurden unter Strafe gestellt.

Die 1990er und 2000er erleben ja im Moment musikalisch und modisch ihr Revival. Viele junge Menschen, die heute zu den Spice Girls oder Backstreet Boys tanzen, können sich wahrscheinlich gar nicht vorstellen, dass zu der Zeit, als die beiden Bands populär waren, manche Aspekte des queeren Lebens immer noch stigmatisiert und kriminalisiert wurden.

1945 endete die nationalsozialistische Herrschaft. Mit dem Zusammenbruch des Nazi-Regimes endete jedoch weder die Verfolgung queerer Menschen noch deren Diskriminierung. Selbstverständlich ist die Verfolgung nach 1945 nicht mit den Repressionen davor zu vergleichen, sie vollzog sich vielmehr im rechtlichen Rahmen der Strafjustiz und die Diskriminierung bewegte sich zwischen Schweigen und Spott. In puncto Emanzipation brachten die Jahrzehnte nach der NS-Diktatur für queere Bürger:innen zunächst wenig Erfolg. LGBTQ Bürger:innen blieben in (beiden) deutschen und in der österreichischen Gesellschaft auch in der Nachkriegszeit weitgehend unsichtbar und die staatliche Regulierung von Homosexualität war durch Kriminalisierung und Diskriminierung geprägt. Allerdings verliefen die Entwicklungen in Österreich sowie in der Deutschen Demokratischen Republik (DDR)[20] und der Bundesrepublik Deutschland (BRD)[21] sehr unterschiedlich. Dabei richtete sich die Regulierung in Deutschland – bzw. in beiden deutschen Staaten – vor allem gegen schwule Männer; weibliche Homosexualität dagegen wurde weitgehend ignoriert. Ein kurioses Beispiel der Ungleichbehandlung von Männern und Frauen in diesem Kontext stammt aus dem Jahr 1957. Damals hatte der Berliner Rechtsanwalt Werner Hesse durch eine Verfassungsbeschwerde versucht, den bereits umstrittenen „Homosexuellenparagrafen" abzuschaffen. Der Paragraf 175 verstoße gegen das Gleichheitsprinzip des Grundgesetzes, da er „gleichgeschlechtliche Unzucht" nur bei Männern, nicht aber bei Frauen bestrafe, so Hesses Argumentation. Die Richter (Männer) hielten absurderweise dagegen, dass zwischen einer lesbischen Beziehung und einer zärtlichen Frauenfreundschaft kaum eine Grenze zu ziehen sei.[22]

In West- wie in Ostdeutschland fällten damals viele Gerichte Entscheidungen in der Tradition des NS-

Rechts, bevor der Oberste Gerichtshof der Deutschen Demokratischen Republik 1950 entschied, dass die Weimarer Fassung des Paragrafen anzuwenden sei. Anstatt eine fortschrittliche Gesetzgebung zur Öffnung der Gesellschaft voranzutreiben, wurden bestehende Ressentiments geschürt und auch rechtlich sehr konservativ gedacht. Das Klima war geprägt von medialer Verleumdung, staatlicher Überwachung und polizeilicher Verfolgung, ähnlich der Situation in der UdSSR. Die DDR war praktisch ein Land ohne öffentliche Räume für nichtheterosexuelle Bürger:innen. Ab Ende der 1950er Jahre wurden homosexuelle Handlungen unter Erwachsenen in der DDR nicht mehr strafrechtlich verfolgt. Um die ostdeutsche Gesellschaft von jener des Westens abzugrenzen, nutzten die Medien etablierte Feindbilder wie Kriminalität, Drogenmissbrauch und eben Homosexualität, die als „feindlich-kapitalistische“ Phänomene dargestellt wurden. Hier werden ähnliche Muster deutlich, die wir auch heute in vielen osteuropäischen Staaten beobachten können.

In den späten 1960er Jahren wurden dann sowohl in Österreich als auch in beiden deutschen Staaten wichtige rechtliche Schritte in Richtung Entkriminalisierung von homosexuellen Handlungen gesetzt. Nach dem Nationalsozialismus und dem anhaltenden Strafverfolgungsdruck Ende der 1940er bis Ende der 1960er Jahre stellte das eine wichtige Wendung dar. Wie Verena

Kettner darlegte, bewegte sich die LGBTQ Bewegung stets in einem Spannungsfeld zwischen Liebe und Sexualität, was auch politische Konsequenzen hatte.[23] Während die Bewegung der 1950er und 1960er Jahre das Gefühl – die Liebe – zwischen Personen des gleichen Geschlechts betonte und die Sexualität in den Hintergrund rückte, kehrte die Schwulenbewegung in den 1970er Jahren die Strategie um und eignete sich das Stereotyp des hypersexualisierten „Perversen“ an, um die Sexualität wieder ins Zentrum zu stellen. In feministischen Bewegungen lässt sich dieselbe Dynamik feststellen. Noch in den 1970er Jahren galten Feministinnen, insbesondere lesbische Feministinnen, als lustfeindlich, worauf sexpositive Rebellinnen mit einer exzessiven Bejahung der körperlichen Lust reagierten.

Im Jahr 1968 führte die Deutsche Demokratische Republik ein neues Strafgesetzbuch ein, in dem der alte Paragraf 175 durch einen neuen Paragrafen 151 ersetzt wurde, der männlichen und weiblichen Minderjährigen, nicht jedoch Erwachsenen, die Ausübung gleichgeschlechtlicher Beziehungen verbot. Am 1. September 1969 trat in der BRD eine – für schwule Männer entscheidende – Strafrechtsreform in Kraft. Homosexuelle Handlungen von Erwachsenen unter 21 Jahren waren zwar weiterhin strafbar, aber die grundsätzliche Aufhebung der Strafverfolgung homosexueller Handlungen war ein Erfolg.

Die strenge Verfolgung gleichgeschlechtlicher Handlungen beförderte Österreich schon in den 1960er Jahren in eine internationale Sonderrolle.[24] Während die meisten westeuropäischen Staaten Homosexualität längst entkriminalisiert hatten, machten in Österreich insbesondere katholische Kreise und die ÖVP gegen entsprechende Reformen mobil. Für eine große Strafrechtsreform, über die schon seit 1954 diskutiert wurde, fanden sich weder in den Großen Koalitionen noch unter der ÖVP-Alleinregierung ab 1966 Mehrheiten. Ein entscheidender Moment für die rechtliche Situation von LGBTQ Personen in Österreich war der Wahlsieg von Bruno Kreisky im Jahr 1970. Die SPÖ-Minderheitsregierung, die im folgenden Jahr regierte, brachte viele wichtige Weichenstellungen auf den Weg: Insbesondere die Kleine Strafrechtsreform, mit der das Totalverbot von Homosexualität endlich beendet wurde, war ein Meilenstein der österreichischen Gleichstellungspolitik. Sie ermöglichte in den folgenden Jahren das Entstehen einer sozialen Bewegung für die Rechte von LGBTQ Bürger:innen in Österreich. Es war aber keineswegs auf einen Schlag alles gut. Im Rahmen der Kleinen Strafrechtsreform wurden vier neue Sonder-Strafparagrafen eingeführt, mit denen schwule Männer und lesbische Frauen weiterhin verfolgt werden konnten. Insbesondere verboten wurden darin männliche Prostitution, „Werbung für Unzucht mit Personen des gleichen Geschlechts“ und die

Gründung von „Verbindungen zur Begünstigung gleichgeschlechtlicher Unzucht", sowie „gleichgeschlechtliche Unzucht mit Personen unter 18 Jahren". Dieser rechtliche Hintergrund zeigt, wie schwierig es für LGBTQ Bürger:innen war, offen für ihre Rechte zu kämpfen, da dies bereits zu einer strafrechtlichen Verfolgung geführt hätte.

Christopher Street

Parallel zur Liberalisierung des Strafrechts entwickelten sich in vielen Ländern Europas neue politische und gesellschaftliche Bewegungen, die sich unter anderem für eine rechtliche Gleichstellung und gesellschaftliche Anerkennung von LGBTQ Personen einsetzten. Zusammen mit den sogenannten Stonewall-Unruhen in der New Yorker Christopher Street im Jahr 1969 bildeten diese den Hintergrund für eine sich etablierende internationale LGBTQ Bewegung, die zu der Zeit noch vor allem als Schwulen- und Lesbenbewegung bezeichnet wurde. Die Stonewall-Unruhen, eine Reihe von gewalttätigen Auseinandersetzungen zwischen der New Yorker Polizei und dem queeren Publikum einer kleinen Bar namens „Stonewall Inn" in der New Yorker Christopher Street, die am 28. Juni 1969 begannen und fünf Tage dauerten, lösten eine Welle von Protesten aus. Die soziale Bewegung wurde zwar nicht erst in diesen Tagen in Gang gesetzt, sondern entstand vielmehr über

Jahrzehnte hinweg, sie erhielt aber durch die Unruhen eine neue Dynamik; man kann sagen, sie waren ein Katalysator für die LGBTQ Bewegung und deren politische Organisation.

Der offene Umgang mit der eigenen sexuellen Orientierung in der Öffentlichkeit brachte allerdings noch bis in die 1970er Jahre Gefahren mit sich, was es für LGBTQ Personen nach wie vor erschwerte, sich offen an politischen Prozessen zu beteiligen. So wurden beispielsweise noch in den 1970er Jahren in Westdeutschland Studierende aufgrund einer Verurteilung nach § 175 wegen angeblichen Fehlverhaltens von Universitäten verwiesen. Beamte wurden wegen ihrer Homosexualität bis Mitte der 1960er Jahre aus dem Dienst entlassen, Soldaten und Lehrer:innen erlebten dies noch länger. Die Proteste in der Christopher Street in New York wirkten auch als Impuls für Bewegungen im deutschsprachigen Raum, und in den 1970er und 1980er Jahren entstand ein Netzwerk nationaler und internationaler Organisationen, die sich auf die Vertretung und Unterstützung homosexueller Interessen konzentrierten. Ermutigt wurden sie auch durch den 1971 veröffentlichten Film „Nicht der Homosexuelle ist pervers, sondern die Situation, in der er lebt" von Regisseur Rosa von Praunheim. In Ostdeutschland entstanden 1973 Schwulen- und Lesbengruppen wie die „Homosexuelle Interessengemeinschaft Berlin" (HBI). Die zunehmende Sichtbarkeit im Zuge der begrenzten gesellschaftlichen Liberalisierung trug nach 1970 zu einem grundlegenden Wandel im Selbstbild und in den Organisationsformen von LGBTQ Bürger:innen bei. Ein weiterer wichtiger Impuls kam durch den gesamtgesellschaftlichen Wandel im Zuge der Proteste von 1968, der auch eine neue Aufgeschlossenheit und Toleranz gegenüber Homosexualität mit sich brachte. Ab Mitte der 1970er Jahre formierte sich nach und nach auch in Österreich eine zivilgesellschaftliche Bewegung für die Rechte von LGBTQ Personen. 1976 entstand in Wien eine Lesbengruppe innerhalb der Aktion Unabhängiger Frauen/AUF. Im März 1977 wurde in der beliebten Fernsehsendung „Club 2" erstmals über Homosexualität gesprochen; ein Aktivist der Gruppe „Coming Out/CO" war Studiogast im ORF.

Insbesondere lesbische Frauen sahen sich nicht nur aufgrund ihrer sexuellen Orientierung, sondern vor allem auch aufgrund ihrer Geschlechtsidentität vielschichtigen Diskriminierungen ausgesetzt. Daher versammelten sich viele unter dem Dach der Frauenbewegung, setzten aber auch gemeinsam mit schwulen Männern die Öffentlichkeitsarbeit fort, wenn sie gemeinsame Anliegen hatten. Die unterschiedlichen Gruppen waren engagiert, aber oft auch uneinig in Bezug auf Ziele oder Methoden, wie Aktivismus und Politik gemacht werden sollten. Informationsstände, Filme und Demonstrationen schufen Sichtbarkeit, erregten Anstoß, erzeugten Öffentlichkeit und Aufmerksamkeit. Nach 1970 arbeiteten einige lesbische Frauen mit Schwulengruppen zusammen, aber die zweite Frauenbewegung lieferte den entscheidenden Kontext, in dem sie neue Formen der Intimität zwischen Frauen und alternative Organisationsformen entwickelten. In dieser Zeit wurden in mehreren Städten in Deutschland und Österreich lesbisch-feministische Gruppen gegründet. Ungeachtet einiger Differenzen bewirkten die Frauen- und Lesbenbewegung gemeinsam eine Veränderung der Lebensrealität und des Selbstverständnisses (lesbischer) Frauen sowie der Geschlechterverhältnisse. Das Coming-out, das bewusste Auftreten wurde auch für lesbische Frauen immer wichtiger, was sich in neuen Formen des Umgangs mit Homosexualität widerspiegelte.

Ab 1979 gab es erste große Demonstrationen in Westdeutschland, bei denen die Menschen zunächst in Bremen, Köln, Stuttgart, München und Westberlin im Rahmen der ersten sogenannten Christopher Street Days (CSD) auf die Straße gingen. Öffentliche Demonstrationen spielten (und spielen immer noch) gerade für gesellschaftlich marginalisierte Gruppen eine besonders wichtige Rolle, um politische Anliegen in die Öffentlichkeit zu tragen. Die ersten Treffen von Vertreter:innen der Emanzipationsbewegung und Politiker:innen fanden 1979 in Berlin und Köln statt. Teilnehmer:innen waren Politiker:innen der SPD, der FDP, der Bunten Liste und der kommunistischen DKP. Die konservative CDU entsandte niemanden. Die erste Bundestagspartei, die in ihrem Wahlprogramm die vollständige Abschaffung des Paragrafen 175 forderte, war 1980 die liberale FDP. Im selben Jahr setzten sich die Grünen für die Rechte homosexueller Menschen ein, obwohl sie damals noch nicht im Bundestag vertreten waren. 1985 erklärte Herbert Rusche, zuvor Mitglied der Emanzipationsgruppe „Homo Heidelbergensis“ und offen schwuler Kandidat der Grünen, vor dem Parlament, er sei homosexuell. Es war das erste Mal, dass sich ein Bundestagsabgeordneter in diesem Raum outete. Diese Maßnahmen stellten für LGBTQ Bürger:innen die erste Möglichkeit der Repräsentation dar: zum ersten Mal traten politische Parteien offen für ihre Rechte ein und LGBTQ Themen flossen somit erstmals in die Wahlentscheidung ein.

AIDS und Ausgrenzung

In den 1980er Jahren wurde die AIDS-Krise zum alles beherrschenden Thema. Die Krankheit wurde zur Bedrohung für die Gesellschaft aufgebauscht, die Medien verknüpften sie mit Homosexualität und rückten das Thema dadurch aus einer gesellschaftlichen Nischenposition in den Mittelpunkt der Aufmerksamkeit. AIDS als Angstmacher, AIDS als Verkaufsschlager. Die zunehmend negative Darstellung schwuler Männer in der Öffentlichkeit führte zu mehr Sichtbarkeit, gleichzeitig aber auch zu einer Stigmatisierung und Ausgrenzung. Genau in dem Moment, als die zweite Schwulen- und Lesbenbewegung allmählich begann, Vorurteile und Feindbilder von Devianz und Kriminalität zu hinterfragen bzw. aufzulösen, wurden diese Erfolge durch die öffentliche (falsche) Wahrnehmung von AIDS als Krankheit, die im Wesentlichen schwule Männer betreffe, erneut gefährdet. Viele der Opfer der Krankheit waren schwule Männer. Dies bot insbesondere konservativen Politiker:innen eine willkommene Gelegenheit, Stimmung gegen schwule Männer zu machen und mit dem konstruierten Feindbild des „gefährlichen fremden Anderen" zu verbinden. Die rasche Ausbreitung von AIDS in der westlichen Welt und insbesondere in deren queeren Communities gab der hetzerischen Behauptung, queerer Sex – und hier insbesondere schwuler Sex – sei eine Gefährdung der ganzen Nation, neue Nahrung. Selbsthilfevereine und Organisationen wie die Deutsche AIDS-Hilfe oder AIDS-Hilfe Wien wurden gegründet und machten Homosexualität auf neue Art und in einem nie dagewesenen Ausmaß zu einem öffentlichen Thema. Im Gegenzug trugen diese Einrichtungen und die damit einhergehende Organisierung sehr stark zur Professionalisierung der Schwulenbewegung bei. Neben der Mobilisierung – mit zahlreichen Demonstrationen –

war diese Institutionalisierung politischer Forderungen ein wichtiger Schritt hin zur politischen Teilhabe der queeren Community. Gleichzeitig verstärkte die zunehmende Förderung queerer Organisationen mit staatlichen Mitteln und privaten Spenden deren offizielle und gesellschaftliche Anerkennung.

In den frühen 1980er Jahren wurden in Wien Häuser besetzt; unter anderem durch Lesben und Schwule das Haus in der Linken Wienzeile 102, das sich im Besitz der Gemeinde Wien befand. Ziel der Besetzung war es, „das Gebäude in ein schwul-lesbisches Kommunikationszentrum und ein selbstverwaltetes Homosexuellenhaus zu verwandeln".[25]

1989 fasste die österreichische Politikwissenschaftlerin und LGBTQ Aktivistin Gudrun Hauer die Lebenssituation von hiesigen Lesben und Schwulen wie folgt zusammen: „Noch immer leben die österreichischen Lesben und Schwulen, bedingt durch die harte Kriminalisierung und den gesellschaftlichen Konsens über die ‚Unanständigkeit' des Sexuellen, verborgen. Dazu trägt sicher bei, dass durch die nationalsozialistische Terrorherrschaft systematisch alle Ansätze von Selbstorganisation zerstört und viele AktivistInnen ermordet worden sind. Erst ab Mitte der siebziger Jahre und in verstärktem Ausmaß wagt sich Homosexuelles an die Öffentlichkeit. Ein Prozess, der glücklicherweise noch andauert (...). Das politische ‚Ärgernis' hat zugenommen und wird umrankt von verbalen Toleranzbekundungen, ernsthaftem Bemühen um Solidarität, aber auch von der Tradierung altbekannter Vorurteile."[26]

Auch wenn insbesondere „die Schwulen" erst ab den 1980ern in die Öffentlichkeit traten, so waren wir doch immer schon da und Teil der Gesellschaft, manchmal mehr, manchmal weniger sichtbar. Um die Wende zum 20. Jahrhundert war beispielsweise Berlin ein Hotspot der progressiven queeren Kultur, wie heute die Netflix-Dokumentation „Eldorado" eindrucksvoll zeigt.

Vor diesem Hintergrund erhielt die Trennung der Sphären des Öffentlichen und des Privaten neue Relevanz, was sich auch in den Emanzipationsbewegungen widerspiegelte. Bis in die 1980er Jahre hatte die Meinung vorgeherrscht, dass die Thematisierung und Darstellung von Sex abgelehnt werden solle, weil weibliche Sexualität von vornherein zu sehr von Männern und patriarchalen Ansichten dominiert sei, um progressiv sein zu können. In einer Gegenbewegung dazu entstanden in den 1980er Jahren durch feministische Analysen von Lust- und Machtverhältnissen lesbische Pro-Sex-Bewegungen, welche nicht mehr um die Akzeptanz der Mainstream-Kultur buhlten, sondern vielmehr deren Selbstverständnis hinterfragten.

Der Beginn der 1990er Jahre und die Wiedervereinigung Deutschlands waren auch für LGBTQ Bürger:innen und die queere Community insgesamt eine sehr wichtige

Zeit. Mit der Gründung der Bundesrepublik Deutschland eröffnete sich ein neues politisches Feld mit bisher ungekannten Möglichkeiten. Dadurch entstand der Raum für neue soziale Bewegungen und Formen politischer Partizipation, die den Wunsch hatten, das neue Deutschland aktiv mitzugestalten und so mehr Gleichheit zu schaffen. Gerade die 1990er Jahre waren unter dem Druck der Zivilgesellschaft und einer immer liberaleren Öffentlichkeit geprägt von politischen Debatten um die strafrechtliche Verfolgung von Homosexualität. In Österreich spielten die Beitrittsbestrebungen zur Europäischen Union (damals EG) eine besondere Rolle, da sie innenpolitischen Druck für eine Liberalisierung der Sexualgesetzgebung beförderten. Ab 1995/1996 machten SPÖ und Grüne die Abschaffung der verbliebenen Strafgesetze immer öfter im Parlament zum Thema. Zwar scheiterten sie anfangs am Widerstand der ÖVP. Im Jahr 1996 gelang es aber, in einer Abstimmung ohne Koalitionszwang die Paragrafen 220 und 221 StGB abzuschaffen. Beide waren zu diesem Zeitpunkt de facto totes Recht, da die Regulierung des öffentlichen Engagements für LGBTQ Rechte schon seit Ende der 1970er Jahre immer weniger exekutiert wurde.

Schritt für Schritt

In Deutschland legte 1995 die Fraktion Bündnis 90/Die Grünen den ersten Gesetzesentwurf zur Eheschließung gleichgeschlechtlicher Paare vor. Der Gesetzesentwurf wurde 1998 in der Empfehlung des Rechtsausschusses des Deutschen Bundestages abgelehnt. Damals stimmten CDU/CSU, SPD und FDP gegen die Einführung der Gleichstellung der Ehe. Die linke PDS und Bündnis 90/Die Grünen stimmten dafür. Die Forderung, die Ehe für lesbische und schwule Paare zu öffnen, löste in der Community heftige Diskussionen aus. Die Gegner:innen der Gleichstellung der Ehe argumentierten, dass die Ehe ein überholtes bürgerliches Relikt und es daher kontraproduktiv sei, statt deren Abschaffung ihre Öffnung für Lesben und Schwule zu fordern. Einige lesbische Aktivistinnen proklamierten außerdem, die Ehe sei das patriarchale Instrument zur Unterdrückung von Frauen schlechthin.

2001 wurde in Deutschland von der rot-grünen Koalition gleichgeschlechtlichen Paaren das Recht auf Lebenspartnerschaft zuerkannt. Dies war ein wichtiger Schritt in Richtung Öffnung der Ehe für alle, wenn auch der Name ein anderer war. Im selben Jahr machte die deutsche Regierung bei der Diskussion um die „eingetragene Lebenspartnerschaft“ deutlich, dass es sich dabei um eine Frage der Menschenrechte und des Grundgesetzes handele. Die Lebenspartnerschaft wurde am 1. August 2001 gegen die Stimmen von CDU/CSU, FDP und bei mehrheitlicher Enthaltung der PDS eingeführt. Vorschläge, gleichgeschlechtlichen Paaren die Eheschließung zu ermöglichen, wurden daraufhin von der CDU blockiert. Seit 2001 ist es Transpersonen legal möglich, den Geschlechtseintrag in offiziellen Dokumenten ohne geschlechtsangleichende Operation ändern zu lassen, und seit 2017 erlaubt Deutschland eine dritte Geschlechtsoption in Dokumenten. Im selben Jahr wurde die Einführung einer dritten Geschlechtsoption vor dem Bundesverfassungsgericht erkämpft.

Im Jahr 2017 stimmte der Bundestag schließlich für eine Gleichstellung gleichgeschlechtlicher Paare in Bezug auf die Ehe. Ein Teil der CDU/CSU und eine große Mehrheit aller anderen Parteien stimmten dafür, gleichgeschlechtlichen Paaren das Recht auf Eheschließung und damit auch auf Adoption zu gewähren. Dies war sicherlich ein großer Erfolg für die LGBTQ Bewegung und ein großer Schritt in Richtung vollständiger rechtlicher Gleichstellung. Die Debatte um die Öffnung der Ehe für alle verdeutlicht jedoch, dass das politische Spektrum des LGBTQ Aktivismus von liberalen Bürgerrechten bis zu patriarchatskritischer Politik reicht. Auch hier zeigt sich wieder einmal, dass es nicht nur *eine* queere Emanzipationsbewegung gibt, sondern dass in den LGBTQ Emanzipationsbewegungen verschiedene politische und emanzipatorische Strömungen parallel laufen. Die Kritik aus bestimmten queeren Strömungen an der Ehe für alle ist gleichzeitig ein Warnruf, nicht den Logiken der heteronormativen Hegemonie zu folgen und sich nicht von einer potenziell ebenso problematischen „Homonormativität“ vereinnahmen zu lassen, eine Aufforderung, nicht die Geschichte der Bewegung und generell die Bewegung als Kollektiv zu vergessen. *Homonormativität* bezeichnet eine Anpassung an heteronormative Ideale und Konstrukte. Der Begriff basiert auf der Annahme, dass auf nicht-heterosexuelle Menschen ein gesellschaftlicher Druck ausgeübt wird, die Normen und Werte der Heterosexualität zu reproduzieren und umzusetzen.

In der Folge einer Grundsatzentscheidung vom Dezember 2017 ist es seit dem 1. Jänner 2019 auch in Österreich möglich, dass gleichgeschlechtliche Paare nicht mehr nur eine eingetragene Partnerschaft eingehen, sondern eine tatsächliche Ehe schließen können. Ein Meilenstein für viele, die Jahrzehnte darum gekämpft haben. Es entbehrt nicht einer gewissen Ironie, dass die „Ehe für alle“ genau in dem Moment in Kraft trat, als Österreich nach einem Rechtsruck von einer rechtskonservativen Regierung geführt wurde. Positive Veränderung für LGBTQ Personen war also in Österreich – wieder einmal – nur durch ein Urteil des Verfassungsgerichtshofs möglich, nicht etwa durch eine politische Entscheidung im Nationalrat. Das ist und bleibt ein Armutszeugnis für viele politischen Parteien in Österreich.

Linke und progressive Parteien haben heute sowohl in Deutschland als auch in Österreich ein mehr oder weniger breites Angebot an Themen, mit denen sie LGBTQ Wähler:innen ansprechen. Die konservativen Volksparteien CDU/CSU und ÖVP versuchen das Thema so gut es geht totzuschweigen, wobei sich an ihren rechten Rändern immer mehr Widerstand regt. Gleichzeitig versuchen sie, LGBTQ Themen zu entpolitisieren, indem sie sie als privat bezeichnen, was auch impliziert, dass kein Regelungsbedarf bestünde (z. B. im Hinblick auf die Rechtsgleichheit) und dass keine Mittel für öffentliche Ansprüche zur Verfügung gestellt werden müssten. Die rechtspopulistischen Parteien AfD und FPÖ missbrauchen LGBTQ Rechte und insbesondere trans Themen, um sich gegenüber den Mainstream-Parteien in einer marginalisierten Position, ja als Opfer zu inszenieren, eine typische, vermeintlich „antielitäre" und „systemkritische" Pose populistischer Parteien. Hier zeigt sich also ganz besonders deutlich, dass LGBTQ Rechte ein bevorzugtes politisches Kampffeld sind, um sich im Spannungsfeld zwischen Tradition und Moderne zu positionieren.

Null und Eins

Wie dieser kurze historische Abriss zeigt, entwickelt und verändert sich die Stellung nicht-heterosexueller Menschen in der Gesellschaft und damit die Art und Weise, wie queere Menschen behandelt wurden und werden. Das gesellschaftliche Ausverhandeln der Rechte und der politischen Teilhabe von LGBTQ Bürger:innen fordert uns alle heraus, traditionelle Kategorien, mit denen wir Demokratie messen wollen, zu reflektieren. Vor allem verdeutlicht es auch die Problematik des Minderheitenbegriffs selbst: Der Minderheitenstatus wird eher zugeschrieben, als dass sich Personen diesen selbst aussuchen. Dies stellt nicht nur gängige Vorstellungen von Staatsbürgerschaft in Frage, sondern ermöglicht es uns auch, Staatsbürgerschaft auf breitere und umfassendere Weise zu denken, was besonders im Zusammenhang mit politischer Teilhabe marginalisierter Personen wichtig ist.

Die deutsche wie auch die österreichische Gesellschaft sind stark heteronormativ strukturiert. Dies bedeutet, dass (Hetero-)Sexualität ein entscheidendes normatives gesellschaftliches Strukturierungsprinzip ist und damit das allgemeine Interesse auf die normativen Apparate, Institutionen, Symbole, Codes, Verhaltensmuster und Wissenssysteme der heterosexuellen Kultur lenkt. In einer heteronormativen Gesellschaft werden an alle Menschen soziale Erwartungen gerichtet, wie sie als Männer und Frauen miteinander leben sollen, und das gesamte Gesellschaftssystem ist auf die Binarität von Mann und Frau aufgebaut. Es gibt eine klar definierte Norm: die Mann-Frau-Beziehung. Und die findet sich überall wieder und wird wieder und wieder reproduziert. Darüber hinaus ist die Binarität sowohl im politischen als auch im kulturellen System in Deutschland und Österreich stark institutionalisiert, einschließlich der Wohlfahrts- und Arbeitsmarktpolitik, die auf überwiegend heterosexuellen Familienmodellen basiert. Eine Neubewertung bestehender gesellschaftlicher Normen hinsichtlich der Binarität von Geschlecht, Sexualität, Partnerschaft und Lebenskonzepten ist notwendig. Sie stellt die Prämisse der Heteronormativität in Frage und schafft so einen Raum für mehr Diversität und Akzeptanz in einer pluralistischen Gesellschaft.

Meine Freiheit muss noch lang nicht deine Freiheit sein
Meine Freiheit, ja, deine Freiheit, nein
Meine Freiheit wird von der Verfassung garantiert
Deine hat bis jetzt nicht interessiert

(Georg Kreisler, „Meine Freiheit, deine Freiheit")

Ehe gut, alles gut?

Nachdem nun also in Deutschland, Österreich und in vielen anderen europäischen Ländern die „Ehe für alle" eingeführt wurde und somit eine rechtliche Gleichstellung von Schwulen und Lesben in weiten Teilen erreicht wurde, könnte man davon ausgehen, dass wir auch am „Ende der Geschichte" der LGBTQ Bewegung in Europa angelangt wären. Aber sind wir das wirklich? Der Ausdruck „Ende der Geschichte" wurde Anfang der 1990er vom amerikanischen Politikwissenschaftler Francis Fukuyama geprägt, der proklamierte, dass sich nach dem Zusammenbruch der Sowjetunion und der von ihr abhängigen Staaten bald die Prinzipien des Westens, im Wesentlichen Liberalismus, Demokratie und Marktwirtschaft, endgültig und überall durchsetzen würden.

Der Westen, der Fortschritt, *the American way of life* hatten angeblich gesiegt. Eine lineare Entwicklung hin zu mehr Freiheit für alle. Doch bekanntlich kam es dann ja anders.

Im übertragenen Sinne gilt das auch für die LGBTQ Bewegung. Man sollte den Erfolg, den die Einführung der „Ehe für alle" gebracht hat, keinesfalls kleinreden. Es war ein sehr wichtiger Schritt auf dem Weg zu mehr rechtlicher Gleichstellung und auch gesellschaftlicher Akzeptanz. Es war der Fortschritt, der eine liberale Gesellschaft ausmacht. Es war aber zugleich ein Sieg der Anpassung an das heteronormative Gesellschaftssystem, in dem wir leben. Die Einführung der „Ehe für alle" zeigt dabei auch eine der zentralen Konfliktlinien auf, an der sich viele Aktivist:innen bewegen. Im Kern geht es um die Frage, ob die queere Community eine Anpassung oder ein bewusstes Anders-Sein als Ziel hat. Auch der vorliegende Essay hat auf diese Frage keine definitive Antwort, nicht zuletzt, weil es nicht die eine Antwort gibt, sondern nur jeweils im spezifischen Kontext gültige politische Positionierungen.

Die Geschichte ist eben nicht am Ende, sondern vielmehr wurde ein Element der liberalen Tradition – die Institution der Ehe – geringfügig modifiziert. Weder wurde die Heteronormativität der Gesellschaft in Frage gestellt noch wurden die vielen weiteren ausgrenzenden und diskriminierenden Gesetze und Praktiken abgeschafft. Und trotzdem hat sich in einer breiten Öffentlichkeit die Annahme verbreitet, dass mit der Möglichkeit zu heiraten nun eine vollständige Gleichheit aller Bürger:innen erreicht sei. Auch unter vielen schwulen Männern und lesbischen Frauen, die in ihrem Alltag heute vielleicht wenig bis keine (rechtliche) Diskriminierung mehr erfahren, ist diese Annahme weit verbreitet. Dabei stehen wir noch mitten im politischen Kampf um vollkommene rechtliche und gesellschaftliche Gleichstellung von LGBTQ Personen in Deutschland und Österreich. Es gibt viel zu tun. Rechtlich, politisch und gesellschaftlich sind wir von einer Gleichstellung für alle noch weit entfernt, und die Errungenschaften für einige LGBTQ Bürger:innen sollten nicht darüber hinwegtäuschen, dass diese eben nicht für alle LGBTQ Personen gelten. Trotz aller rechtlichen Fortschritte in den letzten Jahren gab und gibt es auch einen politischen und gesellschaftlichen Backlash. Nicht nur ist „schwul" nach wie vor ein allgegenwärtiges Schimpfwort auf den heimischen Schulhöfen, auch gab es vermehrt wieder physische und verbale Übergriffe auf LGBTQ Personen in der Öffentlichkeit. Von denen, die oft im Privaten passieren, gar nicht zu sprechen. Auch das ist symptomatisch für den Umgang mit Akzeptanz und Sichtbarkeit von LGBTQ Personen. Während auf der jährlich stattfindenden Regenbogenparade rund um den Wiener Ring meist unbehelligt demonstriert und gefeiert werden kann, so kam es in den letzten Jahren nach Ende der Veranstaltung gehäuft zu verbalen und körperlichen Übergriffen auf Teilnehmer:innen der Regenbogenparade, als diese auf dem Weg nach Hause waren. LGBTQ Sichtbarkeit kann also nach wie vor gefährlich sein.

Die rechtliche Gleichstellung ist die Voraussetzung für jede andere Form und Dimension von Gleichstellung in der Gesellschaft. Sie ist auch die Voraussetzung für politische Teilhabe und Partizipation. Politische Partizipation im Zusammenhang mit Geschlecht, Identität und Sexualität ist entscheidend für das Verständnis und das Funktionieren unserer heutigen Demokratie. Ungleichheiten bei der politischen Partizipation untergraben die Qualität von Teilhabe, Repräsentation und insgesamt die Legitimität im demokratischen Prozess. Dabei spielt die Konstruktion von Bürger:innen als denjenigen, die in der Lage sind, öffentlich an Entscheidungen teilzunehmen, die ihr Leben betreffen, und Ansprüche geltend zu machen, die gehört und anerkannt werden, eine wichtige Rolle. Besonders für marginalisierte Gruppen ist die Beteiligung am politischen Geschehen wichtig. Hier ist es zentral, neben den formalen rechtlichen Voraussetzungen auch die realpolitischen und gesellschaftlichen Voraussetzungen für politisches Engagement mitzudenken. Nicht nur ist es für Menschen, deren Alltag von Ausgrenzung und Diskriminierung geprägt ist, sehr viel schwieriger, sich politisch zu engagieren, sondern dieses Engagement erfährt sehr häufig massiven Gegenwind – auch innerhalb der eigenen Community. Die Vielfalt innerhalb der LGBTQ Community hat dabei auch Auswirkungen auf politische Parteien oder politische Entscheidungsträger:innen, die sich darüber im Klaren sein müssen, dass für viele Menschen dieser Gruppe rechtliche und soziale Aspekte der Staatsbürgerschaft miteinander verflochten sind und sich gegenseitig konstituieren.

Wie wir die Solidarität verloren haben

Viele Gegensätze zwischen den einzelnen unter dem Begriff LGBTQ zusammengefassten Personengruppen sind nicht zuletzt auf die Diversität innerhalb der LGBTQ Bewegung zurückzuführen. Diese Diversität wird allerdings häufig gegeneinander ausgespielt. Sowohl innerhalb der Community als auch gesamtgesellschaftlich. Dabei werden die unterschiedlichen Identitätsaspekte oft von (meist rechten) politischen Akteur:innen instrumentalisiert, um beispielsweise gegen den Islam zu hetzen. Dabei sollte diese Diversität viel mehr als das gesehen werden, was sie ist: eine Stärke und ein Katalysator für einen gemeinsamen politischen Kampf um mehr Gleichberechtigung, Emanzipation und Solidarität.

Während viele der individuellen Freiheitsrechte von einzelnen Personengruppen innerhalb der LGBTQ Bewegung in den letzten Jahrzehnten erweitert oder überhaupt erst etabliert wurden, kam uns dabei offensichtlich die gemeinsame Solidarität abhanden. Es ist gut, wichtig und richtig, dass die Ausdifferenzierung der LGBTQ Bewegung in den letzten Jahren stattgefunden hat und somit auch Personengruppen, welche zuvor selbst innerhalb der LGBTQ Bewegung marginalisiert, diskriminiert und ausgegrenzt wurden, mehr in den Vordergrund gerückt sind. Gleichzeitig fand aber auch eine Abgrenzung voneinander statt. Hier zeigt sich der Effekt einer unsere Gesellschaft durchdringenden neoliberalen Logik der Individualisierung und Partikularisierung, die auch vor der LGBTQ Bewegung nicht haltgemacht hat. Jede:r hat seine:ihre eigenen Interessen und kämpft für sich. Diese Individualisierung und Partikularisierung der LGBTQ Bewegung hat auch Konsequenzen für unsere politische Schlagkraft. Wenn wir es nicht schaffen, untereinander solidarisch zu sein, wird es schwierig, uns gemeinsam für mehr Emanzipation und echte Gleichstellung einzusetzen.

Viele schwule Männer, die nicht nur in der öffentlichen Wahrnehmung die LGBTQ Bewegung viele Jahre dominiert haben, und auch manche lesbische Frauen sind oft nicht bereit, politische Kämpfe für LGBTQ Rechte auszutragen, die sie als Gruppe scheinbar nichts angehen, da sie bereits eine rechtliche Gleichstellung erreicht haben und sehr häufig auch einen überwiegend diskriminierungsfreien Alltag leben können. Solidarität nur, solange es mir persönlich nutzt, scheint die Devise zu sein. Meine Freiheit ja, deine Freiheit nein. Diese Entwicklung geht auch mit einer Normalisierung gleichgeschlechtlicher Lebensrealitäten einher. Schwule Männer und lesbische Frauen, die in einer monogamen Zweierbeziehung leben, sind nicht nur gern gesehene, weil kaufkräftige Konsument:innen, sondern auch politisch häufig gut vertreten. Denn hier ist es viel weniger die sexuelle Orientierung, die eine Rolle spielt, sondern die Anpassung an die gesellschaftliche Norm. Für Menschen, die nicht dieser heteronormativen (oder auch homonormativen) binären Norm entsprechen, sieht die Situation ganz anders aus. Wie in jeder Bevölkerungsgruppe gibt es hier unterschiedliche Identitätsaspekte, die die Menschen prägen und in diesem Kontext eine Rolle spielen. Personen sind beispielsweise in Bezug auf einen Aspekt ihrer Identität (z. B. sexuelle Orientierung oder Geschlechtsidentität) Ausgrenzung und Diskriminierung ausgesetzt, finden sich jedoch in Bezug auf andere Aspekte (z. B. Hautfarbe/Herkunft) in einer privilegierteren Gruppe wieder. Das hat auch Konsequenzen für die gemeinsame politische Arbeit. Anstatt sich hier voneinander abzugrenzen, ist es notwendig, dass diese Privilegien für einen gemeinsamen politischen Kampf genutzt und intersektionale Dimensionen mitgedacht werden. Es geht darum, nicht einzeln, sondern gemeinsam für Freiheit, Sichtbarkeit, Akzeptanz und Teilhabe zu kämpfen.

Tücken der Diversität

Welche Konfliktlinien es hier u.a. gibt, zeigte sich im Sommer 2023 sehr gut an der Diskussion um das Selbstbestimmungsrecht von Transpersonen. Während eine große Mehrheit von LGBTQ Personen gemeinsam für mehr Selbstbestimmung kämpfte, gab es eine kleine, aber laute Minderheit, die gegen die Rechte, Sichtbarkeit und Akzeptanz von Transpersonen auftrat. Dabei zeigten sich auf den ersten Blick überraschende Gemeinsamkeiten zwischen Feminist:innen und rechtsextremen Akteur:innen, die gemeinsam gegen Transpersonen agitierten.

Wir können oft nicht mehr unvoreingenommen miteinander reden. Als Community nicht, als Gesellschaft schon gar nicht. Wenn wir darüber nachdenken, warum das so ist und wie es dazu kommen konnte, fällt es leicht, die vermeintlich Schuldigen zu identifizieren. Die Woken, die politisch Korrekten – dieselben, die zuvor mit dem Begriff „Gutmenschen" gemeint waren – wollen angeblich außer ihrer eigenen Meinung keine andere mehr zulassen. Von „Zensur" und „linker Meinungsdiktatur" wird schwadroniert. Wissen wir aber, was diese Begriffe, die heute vor allem als Schimpfworte und zur pauschalen Abwehr und Abwertung genutzt werden, eigentlich bedeuten?

Achtsam sein, nicht bewusst andere Menschen ausgrenzen und diskriminieren, oder schlicht und einfach ein guter Mensch zu sein. Das scheint heute wohl ein Grund für Konflikte zu sein, wo es eigentlich doch eine Selbstverständlichkeit sein sollte. Solche Haltungen und Einstellungen sind also die Schauplätze, auf denen politische und gesellschaftliche Kämpfe nun ausgetragen werden. Was an diesen Begriffen – und den Debatten rundherum – sehr deutlich wird, ist ganz schlicht die Verschiebung des Diskurses nach rechts.

Unbestritten gibt es heute ein gesellschaftliches Klima, das viel zu oft Debatten vergiftet. Schuld daran sind jedoch nicht Linke oder gar Woke, sondern vielmehr gerade jene, die aus einer rechtspopulistischen Gesinnung heraus provozieren. Es sind nämlich meist nicht Minderheiten oder marginalisierte Personen, die öffentliche Diskurse prägen. Heute ist es leider oft so, dass jene, die beklagen, dass sie angeblich nichts mehr sagen könnten in der Öffentlichkeit, dies genau dort lautstark kundtun. Das Argument der Meinungsfreiheit wird bis zu Erschöpfung geritten. Dabei wird jedoch oft vergessen, dass natürlich jede:r seine:ihre Meinung sagen kann, dafür dann aber auch Verantwortung übernehmen und sich den Konsequenzen stellen muss. Selbstverständlich ist es möglich, sich kritisch mit den Themen sexuelle Orientierung und Geschlechtsidentität auseinanderzusetzten. Fragen stellen und ehrliche Neugier sind nicht das Problem.

Ignoranz und Hass sind es. Und beide sind so weit verbreitet in unserer Gesellschaft. Überall. Ich sehe das persönlich immer wieder in Seminarräumen, in denen ich unterrichte, oder bei Vorträgen, die ich halte. Studierende oder (meist junge) Zuhörer:innen sind sich nicht sicher, was sie fragen „dürfen“ und was nicht. Und diese Unsicherheit resultiert nicht etwa aus Angst vor Zensur oder Bloßstellung, sondern vielmehr aus der Sorge und Scheu davor, andere anwesende Personen vielleicht negativ zu beeinflussen. Achtsamkeit. Nicht mehr und nicht weniger. Noch nie habe ich erlebt, dass einer ernst gemeinten und ehrlich gestellten Frage, beispielsweise, wie denn das mit der körperlichen Veränderung für eine Transperson abläuft, mit Ablehnung und Hass begegnet worden wäre. Wir alle lernen ständig. Gerade auch bei Themen wie Geschlechtsidentität und sexuelle Orientierung, über die die meisten von uns so gut wie nichts in der Schule gelernt haben, zeigt sich Unwissen besonders gut. Unwissen ohne Offenheit für Neues führt zu Vorurteilen.

Den Regenbogen aufbrechen?

Eine Diskussion, die innerhalb der queeren Community immer wieder aufflammt, dreht sich darum, ob man die Regenbogenfahne, die seit Jahrzehnten für Vielfalt und ein stolzes Bekenntnis zum Anderssein steht, erweitern und erneuern sollte. Und ja, das sollte man. Das oft vorgebrachte Argument lautet, dass man marginalisierten Subgruppen innerhalb der queeren Community mehr Sichtbarkeit gibt und deshalb beispielsweise neue Elemente und Farben in die Fahne integriert. Ungleichgewichte, Diskriminierung und Ausgrenzung innerhalb der Community sind Probleme, die wir ernst nehmen müssen und auch dezidiert hinschauen. Wir haben viel zu lange weggeschaut. Die sozialwissenschaftliche Forschung weist beispielsweise zu Fragen der Intersektionalität den Weg. Über die Dominanz der schwulen Männer innerhalb der queeren Bewegung und die damit einhergehenden Problematiken wie Sexismus usw. wurden zahlreiche Bücher geschrieben – dem ist auch nicht zu widersprechen, ganz um Gegenteil. Es ist ein gesamtgesellschaftliches Problem. Männer – das Patriarchat – dominieren eben nicht nur die queere Community, sondern die Gesellschaft im Großen und Ganzen. Hier müssen wir hinschauen und das auch ganz klar benennen. Und dennoch war die Schwulen- und Lesbenbewegung nie nur das, sondern immer auch eine queere Bewegung, auch wenn es in der Eigen- und Fremdwahrnehmung oft nicht so deutlich wurde. Und trotzdem stellt sich die Frage, ob es der richtige Weg ist, wenn wir die Regenbogenfahne verändern, aufbrechen. Warum eine neue Fahne? Wofür steht der Regenbogen als Symbol? Als Flagge? „Alle Farben des Regenbogens“, so die Redensart. Genau das war ja in den 1970er Jahren ein zentraler Grund, warum die Regenbogenfahne von der LGBTQ Bewegung gewählt wurde. Sie galt als das Symbol, das wirklich *alle* miteinschließt. Ein wirkmächtiges Zeichen für Sichtbarkeit, Stolz und politische Organisation. Gegen Ausgrenzung.

Dieses Symbol, das für Vielfalt und die Inklusion aller steht, nun aufzubrechen, hat auch Konsequenzen für die Community. Die Aufspaltung der Regenbogenfahne steht hier sinnbildlich für die Aufspaltung der queeren Community anhand von verschiedenen Identitätsmarkern. Ja, durch die verstärkte Sichtbarkeit einzelner Gruppen innerhalb der Community wurde sehr viel erreicht, so ist auch eine gewisse Sichtbarkeit unerlässlich, um sich zu organisieren und politische Forderungen durchzusetzen. So gibt es in der bunten Welt der Fahnen für jede:n eine eigene und das ist auch gut so. Niemandem soll das Recht auf Sichtbarkeit abgesprochen werden – und es ist auch nicht das Ziel dieses Arguments, Menschen auszugrenzen. Vielmehr geht es darum, was der symbolische Akt der Veränderung der Fahne mit uns als Community macht. Wenn jede:r anfängt, einen Teil der Fahne für sich zu beanspruchen, ist diese bald nicht mehr als ein Fleckerlteppich. Das ist mein Teil, nicht deiner und dieser Streifen bist du, nicht ich. Wollten wir nicht genau diese Grabenkämpfe mit der Regenbogenfahne verhindern? Diese Ausgrenzung, dieses „Du-bist-nicht-wie-Ich“? War nicht der Regenbogen ein Symbol für das gemeinsame Anderssein? Natürlich waren wir nie alle auf die gleiche Art und Weise anders, und jemand, der:die queer und PoC ist, hat natürlich andere Erfahrungen als ein weißer, schwuler cis Mann. Und dennoch war der Regenbogen jahrzehntelang der Ort, an dem wir uns getroffen haben, an dem wir gemeinsam anders sein konnten.

Es gab und gibt aber auch andere – ganz konkrete – Orte der Solidarität. Insbesondere in der zweiten Hälfte des 20. Jahrhunderts wurden queere Begegnungsorte in Form von Bars, Cafés, Kneipen und Gemeinschaftszentren geschaffen. Dieser Umstand kann durch eine höhere Akzeptanz von queeren Lebensentwürfen und die damit einhergehende Eingliederung in gesellschaftliche, kapitalistische Strukturen erklärt werden. In den Städten gründeten sich Frauencafés, Gay Bars, Clubs, Saunas und Orte für politische Organisation. In den letzten Jahren gingen allerdings mehr und mehr dieser Orte verloren.

Viele Städte waren in mit einer Welle von LGBTQ Geschäftsschließungen konfrontiert. Dies ist ein Phänomen, das viele Pubs und Clubs getroffen hat. Und auch wenn es hart klingt: nicht alle Gründe für diese Schließungen sind schlecht. LGBTQ Personen können inzwischen an sehr vielen Orten offen leben und feiern. Bars, Clubs und andere Szene-Treffs werden ganz einfach immer weniger gebraucht. Mittlerweile muss man die Schwulenkneipe oder das Lesbencafé in vielen Städten aufmerksam suchen, um sie zu entdecken. Die Liste der schwul-lesbischen Bars und Läden, die in den vergangenen zehn Jahren geschlossen wurden, ist lang. Die Geschichte des Pimpernel in München zum Beispiel zeigt, dass die Öffnung für das Publikum außerhalb der Szene manchmal unausweichlich ist. Wo einst Freddie Mercury ein und aus ging, war bereits 2007 der frühere Glamour verflogen. Eine Lösung, den Club zu retten, war, die Tür für Menschen jeder sexuellen Orientierung zu öffnen. Das rettete zwar vorerst das Überleben des Clubs und selbstverständlich hat eine Öffnung queerer Subkultur auch sehr viele positive Seiten. Mehr Sichtbarkeit und oft auch mehr Akzeptanz. Und dennoch ging damit einiges verloren.

Gleichzeitig entstehen aber viele neue Orte queerer Solidarität. Menschen organisieren sich, vielleicht anders als früher, aber mit den gleichen Zielen. Orte zu schaffen, an denen man sich sicher fühlen kann, an denen man sein kann, wie man ist, ohne sich verstellen zu müssen. Diese Orte werden heute sowohl offline als auch online geschaffen, in Form von Cafés, Bars, lokalen Initiativen oder eben Netzwerken in den Social Media.

I want to break free!

(Queen, „I want to break free“)

Klischee olé

Im Europa der 2020er Jahre sind LGBTQ Personen in der Öffentlichkeit sehr präsent, viel präsenter als noch vor 20 oder 30 Jahren. Schwule, Lesben, bisexuelle Menschen und Transpersonen waren immer Teil unserer Gesellschaft. Viel zu oft allerdings an deren Rändern. Erst seit den 1980er Jahren sind wir tatsächlich ins öffentliche Bewusstsein getreten. Das hat natürlich mit den Emanzipationsbewegungen ab den 1960er Jahren zu tun. Vor allem die Frauenbewegung hat den Weg für Emanzipation und Gleichstellung von LGBTQ Personen bereitet. Gesellschaftlich hat sich viel getan und das spiegelt sich auch in der medialen Welt wider. Beide beeinflussen sich stark gegenseitig. Deshalb geht es in diesem Kapitel um Klischees, Rollenbilder und die Gesellschaft an sich. Wie wir leben, wie wir uns geben und warum es eben doch die kleinen Unterschiede gibt.

In den letzten Jahren haben Medien Fortschritte bei der Darstellung von LGBTQ Personen und der Vielfalt von deren Lebensrealitäten gemacht, und damit einen großen Schritt in Richtung mehr Diversität und Inklusion getan. Dabei ist vor allem eine erhöhte Sichtbarkeit von nicht-heteronormativen Figuren in Filmen und Serien zu beobachten. Insbesondere schwule und lesbische Figuren sind heute häufiger in Fernsehserien und -filmen vertreten. Sie spielen heute vielfältige Rollen, von Protagonist:innen bis hin zu Nebenfiguren. Schwule und lesbische Figuren in Fernsehserien repräsentieren außerdem zunehmend verschiedene Hintergründe, ethnische Zugehörigkeiten und Altersgruppen. Und selbst wenn diese Darstellungen sehr häufig nach wie vor holzschnittartig grob bleiben, gibt es doch mehr und mehr positive Beispiele wie etwa aktuell die Serie *Heartstopper*, die die Liebesgeschichte von zwei Jungen in England erzählt. Viele Fernsehserien betonen die Normalität und Alltäglichkeit von schwulen und lesbischen Beziehungen. Sie zeigen, dass Liebe und Beziehungen unabhängig von der sexuellen Orientierung universelle Themen sind. Einige Serien widmen sich dem wichtigen Thema des Coming-out und zeigen, wie schwule und lesbische Figuren sich selbst und ihren Familien gegenüber öffnen. Es gibt Fernsehserien, die speziell auf queere

Themen ausgerichtet sind und die Geschichten dieser Gemeinschaften erzählen. Beispiele – und Vorreiter – hierfür sind *Queer as Folk* und *The L Word*. Insgesamt spiegelt die aktuelle Fernsehlandschaft eine wachsende Akzeptanz und Normalisierung schwuler und lesbischer Lebensentwürfe wider. Die Art und Weise, wie diese Themen behandelt werden, entwickelt sich weiter, da die Unterhaltungsindustrie bestrebt ist, die Vielfalt der menschlichen Erfahrungen in ihren Geschichten zu verhandeln. Das war allerdings längst nicht immer so. Die Anfänge medialer Präsenz von LGBTQ Personen waren vor allem von Stereotypen und Klischees geprägt.

Der lustige Schwule

„Der Schwule" war spätestens seit den 1990ern auch in der deutschsprachigen Popkultur präsent. Stark beeinflusst von US-amerikanischen Einflüssen und Serien wie *Will & Grace* wurde „der Schwule" auch in unsere Wohnzimmer vorgelassen. Diese Serien zeigten vor allem Stereotype. Den besten Freund. Die taffe Kollegin. Das Vorurteil, dass Schwule ein besonderes Interesse an Mode, Kunst oder Unterhaltung hätten, während Lesben angeblich bevorzugt handwerkliche Aktivitäten oder Sport betrieben, zieht sich wie ein roter Faden durch diese Darstellungen. Diese Stereotype sind oft vereinfachte und ungenaue Vorstellungen davon, wie schwule Männer oder lesbische Frauen sich verhalten, aussehen oder interagieren. Auch wenn natürlich in manchen dieser Stereotype durchaus ein Funken Wahrheit steckt. Dabei ist wichtig anzumerken, dass solche Stereotype vielleicht manchmal positive Elemente beinhalten, vor allem aber schädlich sein können, da sie die Vielfalt der Persönlichkeiten und Lebensrealitäten innerhalb der LGBTQ Gemeinschaft ignorieren oder verzerren. Im Übrigen zeigte sich auch hier eine Ungleichheit zwischen schwulen Männern und lesbischen Frauen. Während *Will & Grace* etwa zum Publikumsliebling avancierte, wurde *Ellen,* die einzige Sitcom mit der lesbischen Hauptdarstellerin Ellen DeGeneres, kurz nach dem Coming-out der Protagonistin aus Mangel an Werbeeinschaltungen 1998 eingestellt. DeGeneres' Karriere war vorerst zu Ende.

Später in den 1990ern und 2000ern dann mit Dirk Bach, Thomas Hermann, Alfons Haider oder Hape Kerkeling gab es eine erste neue Generation von schwulen Männern im Fernsehen. Und mit Hella von Sinnen auch eine lesbische Frau. Interessanterweise waren alle Komiker:innen oder Entertainer. Hier also, im TV und in der Rolle des „lustigen Schwulen“ oder der „verrückten Lesbe“ durften diese Personen vorkommen. Laut, lustig, meist etwas verrückt und schrill. Man war ja jetzt modern und tolerant. Diese Zuschreibungen haben es Künstler:innen ermöglicht, vor der Kamera zu stehen und ihrer Profession – ihrer Passion – nachzugehen.

Ernste Rollen für Schwule oder Lesben in Kinofilmen? Vorerst Fehlanzeige. Der Schwule durfte gern unterhalten, aber er sollte doch bitte sehr im Fernsehen bleiben. Dieses Muster gilt sehr oft bis heute. Der Musiker und Entertainer Ross Anthony zum Beispiel hat die Rolle des schrägen, lustigen Schwulen perfektioniert. Er tritt regelmäßig in traditionellen und bürgerlich-biederen Sendungen auf und gibt dort den lustigen Entertainer, vom Fernsehgarten bis zum Musikantenstadel. Und immer ist er der lustige Verrückte, dessen Habitus – gespielt oder nicht – mit seiner sexuellen Orientierung in Verbindung gebracht wird. Er ist nicht Ross Anthony der Musiker oder Entertainer, er ist *der* Schwule. Solange er diese Rolle spielt – und damit lässt sich sicherlich viel Geld verdienen, was hier auch gar nicht bewertet werden soll –, verstärkt er natürlich gewisse Vorurteile wie „Schwule sind bunt und verrückt", oder „Schwule müssen lustig sein". Natürlich kann und muss man diesen Vorwurf der Künstlichkeit der gesamten Fernsehunterhaltungswelt machen – insbesondere den Formaten, in denen B- und C-Prominente regelmäßig auftreten. Ohne Inszenierung ist alles nichts.

Skandal und Moral

Am 15. Juli 1990 wurde der bayerische Schauspieler Walter Sedlmayr leblos in seinem Schlafzimmer in München aufgefunden. Die nachfolgenden polizeilichen Untersuchungen enthüllten unter anderem seine Homosexualität, die er sein ganzes Leben lang geheim gehalten hatte. Dies geschah, weil die aus Sedlmayrs persönlichem Umfeld stammenden Täter absichtlich versucht hatten, den Verdacht auf Sexarbeiter zu lenken, mit denen Sedlmayr Kontakt hatte. Dass der Volksschauspieler Sedlmayr, der das erzkonservative Image Bayerns wie wenige andere verkörperte, schwul war, schockierte viele seiner Fans. Besonders unrühmlich dabei war der rücksichtslose und menschenverachtende Umgang einiger Boulevardmedien mit dem Fall, die über das Privatleben des Schauspielers spekulierten und das Verbrechen selbst in den Hintergrund drängten. Der Umgang des Boulevards mit dem Tod von Walter Sedlmayr blieb für lange Zeit auch ein abschreckendes Beispiel für viele Prominente. Ein Outing kann Karrieren zerstören, lautete die Lektion, die viele daraus lernten. Später wiederholte sich diese Geschichte im Fall des Todes von Rudolph Moshammer. Es wurde viel von Gewalt und Mord im „Homosexuellenmilieu“ geschrieben, was auch immer das sein mag. Denn wer spricht denn beispielsweise bei einem Mord eines Ehemanns an seiner Frau von einer Tat im „Heterosexuellenmilieu“? Eben. Diese stigmatisierende Fokussierung auf Sex, Skandal und (scheinheilige) Moral begleitet schwule Männer und lesbische Frauen in der Öffentlichkeit auch heute noch sehr oft.

Im Jahr 1992 outete sich der österreichische Entertainer Günter Tolar in der Zeitschrift „News“. Es war Österreichs erstes öffentliches Bekenntnis eines Prominenten zur Homosexualität. Wie er heute auf seiner persönlichen Website schreibt: „Die Folgen dieses – damals sehr gewagten – Schrittes waren überwältigend positiv. Es schien mir, als hätte das Publikum (von dem ich ja damals noch sehr viel hatte) nur darauf gewartet, dass jemand den Damm durchbricht.“[27] Einige Jahre später hat Alfons Haider mit seinem Outing einen weiteren wichtigen Schritt zu mehr Sichtbarkeit, Toleranz und Akzeptanz für schwule Männer gesetzt. Und doch waren das Einzelfälle.

Die Debatte um Sichtbarkeit und die Bedeutung von Sichtbarkeit spielt hier eine entscheidende Rolle. Eines der Leitmotive des Boulevards lautet: *Bad press is better than no press.* Diesem Slogan folgend könnte man meinen, dass jede Art von Sichtbarkeit einen Fortschritt bedeuten würde. In gewisser Weise stimmt das auch. Wenn es etwa den lustigen, bunten Schwulen nicht gäbe, dann wären schwule Männer in dieser Zeit gar nicht in der Öffentlichkeit vorgekommen. Ein Fortschritt? Für viele – gerade junge – Menschen, die vor den Fernsehgeräten in den Wohnzimmern saßen und sich vielleicht fragten, was mit ihnen los sei, warum sie denn nicht auf Mädchen stünden, oder die vielleicht auch keine Ahnung hatten, was es heißt, „schwul“ oder „lesbisch“ zu sein, für die war es sicherlich von großer Bedeutung zu sehen, dass es auch andere Lebensentwürfe gibt als jene in ihrem für gewöhnlich wahrscheinlich heteronormativ geprägten Umfeld.

Die australische Comedian Hannah Gadsby hat auf beeindruckende Weise in ihrem Netflix-Special *Nanette* deutlich gemacht, wie viel es ihr als junge lesbische Frau irgendwo im Nirgendwo Australiens bedeutet hätte, jemanden im Fernsehen zu sehen, der oder die auch – wie sie – anders war. Insofern darf man bei aller berechtigten Kritik an der Inszenierung und den Rollen, in die sich Prominente pressen und pressen lassen, die positiven Konsequenzen des Umstands nicht unterschätzen, dass überhaupt jemand, der nicht heterosexuell ist oder nicht in klassische Geschlechterrollen passt, prominent in der Öffentlichkeit zu sehen ist. Vielleicht sitzt irgendwo in einem Dorf in der Steiermark oder in Bayern eine Großmutter mit ihrem schwulen Enkel und sie sehen gemeinsam diese Auftritte. „Mei, der gfallt ma" kann ein erster Schritt hin zu einem Gespräch, zu mehr Toleranz und irgendwann auch Akzeptanz sein. Nichtsdestotrotz verstärkt das Bild, das hier vermittelt wird, auch eine gewisse Konformität der Gesellschaft. In ihrer Rolle dürfen sie dabei sein, die Schwulen und Lesben. Problematisch wird das Ganze erst dann, wenn diese Personen aus ihrer Rolle fallen.

Der Preis der Sichtbarkeit

In den Medien werden diese Rollenbilder und Stereotype seit Langem durch stetige Wiederholung festgeschrieben oder sogar fetischisiert. Fetischisierung von Schwulen, Lesben und Transpersonen bedeutet die vereinnahmende Neugier an Leben und Liebesleben von queeren Menschen, sowie die Verbreitung von und Belustigung an Stereotypen. Kathy Hemken hat das in ihrem Beitrag für frauenseiten.bremen[28] bereits 2018 deutlich gemacht. Dabei werden queere Menschen oft nur als Objekte gesehen, die den Bedürfnissen nicht-queerer Menschen dienen sollen.

Die Darstellung von lesbischem Sex in Pornografie und auch in anderen Medien wie Werbung und Film neigt dazu, nicht die tatsächlichen Bedürfnisse und Interessen lesbischer Frauen zu reflektieren, sondern eher männliche Fantasien zu bedienen. In solchen Darstellungen fehlt oft die Authentizität von Zärtlichkeit und Emotionalität, stattdessen werden Frauen voyeuristisch als passive Objekte inszeniert. Die Fetischisierung schwuler Männer hingegen konzentriert sich weniger auf deren Sexualität, sondern eher auf stereotype Eigenschaften. Schwule Männer werden oft als humorvoll, kosmopolitisch, modebewusst und manchmal auch als zickig dargestellt. Einige mögen es bevorzugen, in diese stereotype Rolle gedrängt zu werden, um nicht aus sozialen Kreisen ausgeschlossen zu werden. Jedoch fühlen sich nicht alle wohl damit, als potenzieller „schwuler bester Freund“ betrachtet zu werden, vor allem von heterosexuellen Frauen.

An diesem Punkt stellt sich die Frage, ob Sichtbarkeit immer etwas Gutes ist, oder ob sie auch Nachteile mit sich bringt. In diesem Kontext ist es wichtig, sich mit dem Zusammenhang von Sichtbarkeit und Repräsentation zu beschäftigen und wie diese einander beeinflussen. Warum? Ist es nicht vor allem wichtig, dass queere Personen, wenn sie in der Öffentlichkeit stehen, diese mit nicht-heteronormativen Realitäten konfrontieren? Allerdings: Trifft das überhaupt zu, wenn ein schwuler Sänger im Radio läuft oder eine lesbische Kommissarin im TV ermittelt? Oder sind Sichtbarkeit und Repräsentation am Ende gar das gleiche?

Grundsätzlich besteht eine Differenz zwischen symbolischer und substanzieller Repräsentation, die seit Jahrzehnten vor allem in der feministischen Literatur diskutiert wird. Ist es zum Beispiel wichtig, dass eine Frau andere Frauen im Parlament repräsentiert, oder ist es entscheidender, dass die Person, die Frauen im Parlament repräsentiert, feministische Politik macht – unabhängig von ihrem Geschlecht? Diesen Disput werden wir an dieser Stelle nicht beilegen können, aber er illustriert sehr schön den Unterschied zwischen reiner Sichtbarkeit, die man in diesem Kontext unter symbolischer Repräsentation verhandeln würde, oder aktiver queerer (substanzieller) Repräsentation, die sich für queere Rechte einsetzt.

Viele queere Menschen, die in der Öffentlichkeit stehen, nutzen die ihnen von der Gesellschaft zugeteilte Rolle perfekt, um damit Karriere zu machen, womit wir wieder bei Ross Anthony wären. Natürlich spielt er – wahrscheinlich sehr bewusst – mit vielen Klischees, die über schwule Männer in Umlauf sind, und das soll ihm hier gar nicht zum Vorwurf gemacht werden, im Gegenteil: seine „Marke“ macht ihn in dem ganzen Entertainment-Musikantenstadl-Business sicherlich einzigartig und er hat damit seine Nische gefunden. Er repräsentiert damit aber wieder nur eine bestimmte Ausprägung eines schwulen Mannes, die es unbestritten gibt, die aber sehr wahrscheinlich nur einen Teil der schwulen Community abbildet. Gleichzeitig reproduziert und verstärkt er – mit vielen anderen, die diese Rolle spielen – eben jene Klischees, die sehr häufig zu Vorurteilen gegenüber schwulen Männern führen. Diese Klischees werden aber nicht nur im TV reproduziert.

Keep on Rolling ...

Wenn man heute so durch TikTok oder Instagram scrollt, fällt auf, dass in sehr vielen Videos von jungen Schwulen oder Lesben das Thema „top oder bottom“ sehr präsent ist. Ähnliches zeigt sich auch auf den diversen Dating-Portalen. An sich handelt es sich dabei um eine Vorliebe beim Sex – das hat gar nicht unbedingt etwas mit der sexuellen Orientierung zu tun. Als „Tops“ werden Menschen bezeichnet, die beim Sex gern den aktiven Teil übernehmen, also zum Beispiel die Person, die penetriert oder fingert. Und „Bottoms“ sind die Passiven. In vielen Videos geht es darum, wie man so ist als Top, oder wie man sich zu verhalten hat als Bottom. Wobei diese Zuschreibung natürlich nicht neu ist; es gab schon in den Jahrzehnten und Generationen davor Teile der Lesbenszene, die sehr wohl mit top/bottom-Unterscheidungen hantierten, die weitläufig eher als schwuler Slang gelten. Die Rolle während des Sexualakts wird dabei verallgemeinert zu einer gesellschaftlichen Rolle. Und hier wird es problematisch. Denn es ging doch einmal darum, diese Rollenbilder und Stereotype aufzubrechen. Stattdessen werden sie wieder und wieder performt und reproduziert. Dabei gibt es vorhersehbarerweise die klare Zuschreibung des Bottoms als „weiblicher“ und des Tops als „männlicher“ Part. Genau diese Hetero-Norm, diese Erwartung männlicher Dominanz und weiblicher Passivität, genau diese veralteten Rollen schleichen sich oft in unsere Vorstellungen von gleichgeschlechtlichem Sex ein. Bei Männern wird gern davon ausgegangen, dass femininere Jungs Bottoms sind; die harten Typen sind dann die Tops. Bei Frauen eigentlich recht ähnlich: Die Femmes, also die feminineren Frauen, gelten als Bottoms; die Butches und Tomboys als Tops. Damit einher gehen auch klassische Zuschreibungen von Stärke und Schwäche, Emotionalität und Rationalität.

Kevin Junk hat das einmal sehr schön für queer.de aufgeschrieben[29]: „Die Idee von ‚top' und ‚bottom' ist nämlich eigentlich eine Ideologie. Eine Ideologie, die nur oberflächlich so aussieht, als wäre sie der Ausdruck individueller sexueller Präferenzen. Eigentlich geht sie aber viel tiefer. Ähnlich wie die beiden Pole ‚männlich' und ‚weiblich' geht mit der Dynamik zwischen ‚top' und ‚bottom' eine ganze Menge an Attributen einher, die wir unterbewusst auf andere projizieren." Die Begriffe „oben" und „unten", „Top" und „Bottom" umfassen demzufolge nicht nur die sexuelle Rolle, sondern verweisen auch auf zugewiesene Eigenschaften. Dem Bottom wird oft eine unterschwellig feminine Rolle zugeschrieben, da er passiv ist und penetriert wird. Hierbei bedeutet „feminin" nicht zwangsläufig „weiblich", sondern bezieht sich eher auf Attribute wie „sanft", „süß" oder „passiv", die als nicht-männlich betrachtet werden. Der Top hingegen wird oft als maskulin wahrgenommen und bedient sich typischerweise an als „männlich" geltenden Merkmalen. Die binären Konzepte von „männlich" und „weiblich" werden oft als übergeordnete Kategorien für eine Vielzahl von Eigenschaften betrachtet, und diese Vorstellung wird auch im Sex zwischen Männern weitergeführt, obwohl sexuelle Begegnungen bereits aus den traditionellen Normen ausbrechen. Wir übernehmen oft deren Vorstellungen und übertragen sie auf unseren Sex aufgrund unserer Sozialisation in diesem Kontext.

Das Konzept von „Doing Gender“ gibt viel Anregung, um in diesem Kontext über Rollenbilder nachzudenken. Das Gender Glossar, eine Online-Zeitschrift, in der laut Eigendefinition Wissen zu Geschlecht und Diversity aus intersektionaler Perspektive interdisziplinär für die wissenschaftliche und praktische Arbeit innerhalb und außerhalb der Universität aufbereitet wird, beschreibt Doing Gender wie folgt: „Der Begriff Doing Gender fokussiert, wie Menschen in alltäglichen Interaktionen Geschlecht inszenieren, beobachten und relevant machen. Doing Gender betrifft zum einen Handlungsformen, mithilfe derer Akteur:innen signalisieren, dass sie einem Geschlecht angehören (z. B. Weisen der Gesprächsführung, des Gehens und Sitzens, des Verhaltens zum eigenen Körper und zu dem anderer, etwa wer wen wann, wie und wie lange anschaut). Darüber hinaus interessiert, wie sie sich zu dieser Mitgliedschaft verhalten, z. B. affirmativ, kritisch oder subversiv.[30]“ Kurz: Geschlecht ist ein Tun. Wie manifestiert sich das Tun? Indem wir Geschlecht gekonnt wahrnehmen und zuschreiben, gekonnt darstellen und im Alltag stets reproduzieren (z. B. durch Klischees als Brücken).

Toxic

Viele dieser Klischees, Darstellungen und Praktiken führen aber leider zu toxischen Rollenbildern. Toxische Rollenbilder sind festgefahrene und schädliche Vorstellungen darüber, wie Menschen aufgrund ihres Geschlechts oder ihrer Geschlechtsidentität in der Gesellschaft agieren, aussehen und sich verhalten sollten. Sie sind problematisch, da sie die Entfaltung von Individuen einschränken, Diskriminierung und Ungerechtigkeit fördern und oft zu ungesunden Erwartungen führen. Ein markantes Beispiel hierfür sind traditionelle Geschlechterrollen, die sowohl in hetero- als auch in homosexuellen Beziehungen reproduziert werden. Männer (oder der „maskuline Part") seien demnach aktiv, rational und dominant, während Frauen (oder der „feminine Part") passiv, emotional und fürsorglich seien. Diese Rollen spiegeln sich auch in unseren Vorstellungen von Körperbildern wider. Die Beseitigung toxischer Rollenbilder ist ein wichtiger Schritt hin zu einer inklusiveren und gerechteren Gesellschaft, in der Menschen in ihrer Vielfalt akzeptiert und respektiert werden. Das Überwinden toxischer Rollenbilder in Bezug auf Elternschaft beispielsweise kann dazu führen, dass Frauen nicht mehr die Hauptverantwortung für die Kindererziehung tragen und Männer eine aktivere Rolle in der Familie spielen können.

Das Aufbrechen traditioneller Geschlechterrollen erfordert Zeit, Geduld und konsequente Anstrengungen. Es ist ein Prozess, der auf individueller, sozialer und kultureller Ebene stattfindet. Aber jeder Schritt in Richtung Gleichstellung und Anerkennung der Vielfalt von Geschlechterausdruck und Identität ist ein Schritt in die richtige Richtung. Der erste Schritt besteht darin, sich der bestehenden Geschlechterrollen bewusst zu werden und zu erkennen, wie sie die Lebensentscheidungen und -möglichkeiten beeinflussen.

Leider sind wir davon in vielen Fällen noch weit entfernt. In einer Welt, in der für komplexe Zusammenhänge viel zu oft vor allem einfache Erklärungen angeboten werden, ist es schwierig, einander Zeit zu geben, um nachzudenken, zu differenzieren, um zu lernen. Das wird auch deutlich, wenn wir wieder mehr und mehr gefühlte und reale Homo- und Transphobie beobachten. Beides trifft zu.

Es geht nicht um Homophobie

In vielen Fällen von Homophobie geht es dabei gar nicht um die sexuelle Orientierung an sich. Wait a minute, wenden Sie da ein. Worum soll es denn sonst gehen? Ist nicht Homophobie die Ablehnung von Homosexualität oder homosexuellen Handlungen? Das ist selbstverständlich richtig, und dennoch geht es eben sehr häufig nicht darum, was jemand in seinem Schlafzimmer tut, was für eine sexuelle Orientierung jemand hat. Hetero-Phobie – noch nie gehört? Eben. Homophobie entsteht erst im Kontext des öffentlichen Raums. Auch hier geht es zentral wieder um Sichtbarkeit. Aber wie „sieht" man denn eine sexuelle Orientierung? Gut, wenn zwei Männer oder zwei Frauen auf der Straße Händchen halten oder sich küssen, ist das sicherlich ein guter Indikator. Aber ich will hier auf etwas anderes hinaus. Es geht bei Homophobie nicht nur um die sexuelle Orientierung, oder zumindest zu großen Teilen nicht. Es geht um Geschlecht und *Geschlechterrollen.* Wie wir weiter oben gesehen haben, war es in der Vergangenheit vor allem der feminine bzw. effeminierte Mann, der Diskriminierung und Ausgrenzung erfahren hat und erfährt. Viele Schwule, als cis Männer Gelesene werden hier vielleicht widersprechen und ihre Diskriminierungserfahrungen ins Feld führen. Diese sollen hier keineswegs übergangen werden. Vielmehr möchte ich auf strukturelle gesellschaftliche Probleme hinweisen, die in diesem Kontext viel zu selten diskutiert werden.

Zum einen sind feminine Männer oder Personen, die sich als nicht binär identifizieren, natürlich eine Provokation. Eine Provokation für all jene, die sich selbst über ganz klar abgegrenzte Geschlechterrollen definieren. Eine Provokation für all jene, die sich so sehr an diesen Geschlechterrollen festklammern, dass ein Infragestellen dieser Rollen sie massiv verunsichert. Und diese

Unsicherheit, diese Angst wird von rechten politischen Kräften noch massiv befeuert. In Bezug auf Geschlechterrollen gilt das gleiche Muster, das wir generell in unserer globalisierten Welt erleben. Es gibt immer mehr Einflüsse, immer mehr Möglichkeiten, immer mehr Herausforderungen, immer mehr Graubereiche. Viele Menschen fühlen sich dadurch verunsichert und flüchten sich ins Extrem. Das ist auch hier der Fall. Nicht zufällig nimmt das, was wir unter toxischer Männlichkeit verstehen, in den letzten 20 Jahren wieder zu oder wird sichtbar. Männer, die über Jahrzehnte, ja Jahrhunderte ihre eigene Rolle nie reflektiert haben, werden plötzlich herausgefordert. Und zwar von Menschen, die das Mannsein anders definieren, anders leben. Darauf kann man unterschiedlich reagieren. Man kann seine Position reflektieren, seinen Horizont öffnen, vielleicht seine eigene Geschlechterrolle hinterfragen – oder man geht auf Konfrontation. Viele Männer und auch einige Frauen sind zu Ersterem weder fähig noch willens. Sie fühlen sich meist aus der eigenen Unsicherheit heraus bedroht. Selbstverständlich ist es einfacher, bequemer, alles Neue (das zwar immer schon da war, mit dem man aber erst jetzt in Kontakt kommt) abzulehnen und abzuwerten. Wenn wir uns dieses Phänomen der Abwertung genauer anschauen, die dann häufig zu Homo- und Transphobie führt, stoßen wir genau auf jenen wunden Punkt, an dem unsere Gesellschaft seit Jahrhunderten laboriert, nämlich am altbekannten Mechanismus der Abwertung alles Weiblichen, den das Patriarchat perfekt beherrscht und auf den es seine Macht stützt.

Zum anderen wird Homo- und Transphobie häufig als ein Problem von nicht-heterosexuellen Menschen gesehen, da ja zuerst und vor allem sie darunter leiden. Natürlich ist an dieser Sichtweise durchaus etwas dran, da es auf den ersten Blick natürlich diese Personen sind, die das – nennen wir es einmal Gefühl – der Homo- bzw. Transphobie auslösen. Ohne Homos also keine Homophobie? So einfach ist das natürlich nicht, bzw. ist genau das Gegenteil der Fall. Denn: Homophobie ist genauso wie Xenophobie vor allem dort ein Problem, wo es diese Menschen nicht gibt. Denn es ist natürlich einfacher, ein Klischee, ein Feindbild zu konstruieren, wenn es in der direkten Umgebung keine Menschen gibt, die dieses widerlegen. Wie oft haben wir schon gehört, dass „die Schwulen" zwar durchaus viel zu viel in den Medien seien und ja ohnehin nur Aufmerksamkeit wollen würden, weil warum sonst würde man sich für einen solchen Lebensstil entscheiden? Wait. Da sind wir wohl irgendwo falsch abgebogen in dem Argument, aber nach diesem Schema funktioniert es, genau so wird häufig gedacht. Ähnlich wie der berühmte „schwule Freund" heißt es dann aber auch oft: ja, aber mein Nachbar, der ist zwar – die Stimme wird leiser – „dings", aber ganz ein Freundlicher und man würde sich da jetzt auch nichts denken wegen der Kinder. Spätestens dann kommt ein großes ABER. Trotzdem: Gehen wir nochmals einen Schritt zurück. Was also, wenn wir die Situation umdrehen und Homo- bzw. Transphobie eben nicht als Problem von queeren Menschen definieren, sondern als Problem derjenigen, von denen es ausgeht? Es ist ja nicht so, dass die jahrzehnte- oder gar jahrhundertealten Klischees vom Himmel gefallen wären, viel mehr wurden sie gesellschaftlich konstruiert und von Generation zu Generation weitergegeben. Wer sollte sich also mit dem Thema beschäftigen? Wen betrifft das Thema wirklich? Natürlich sind queere Menschen von den Auswirkungen betroffen, aber sie können nur in einem sehr begrenzten Rahmen etwas dagegen tun. Dabei geht es nicht nur um körperliche Übergriffe oder verbale Beleidigungen. Häufig ist es eine tief in unsere Gesellschaft eingeschriebene strukturelle Homophobie, die sehr subtil wirkt und dennoch sehr viele Verletzungen und Narben hinterlässt.

In jedem Fall ist ein gesellschaftliches Ausverhandeln dieses Themas notwendig, wo auch immer es in den Fokus rückt. Hier gibt es allerdings – genau wie beim Thema Xenophobie – sehr viele Scheuklappen und reale Ängste, nicht das Richtige zu sagen oder in gleich mehrere Fettnäpfchen zu treten. Dabei sind in der Familie oder im Freundeskreis solche Gespräche möglich – oder sollten es zumindest sein. Häufig ist es jedoch genau in diesem Rahmen am schwierigsten oder scheint schier unmöglich. Mehr denn je sind jetzt, da rechtlich fast alles erkämpft wurde, auch die Politik und die Zivilgesellschaft gefordert, sich aktiv an die Seite der LGBTQ Community zu stellen. Solange es für eine Minderheit – egal, welche – nicht möglich ist, in Sicherheit und ohne Angst zu leben, ist keine Gesellschaft frei und gleich.

Baby, I was born this way
(Lady Gaga, „Born this way")

Queere Leben

„Es ist doch alles gut! Ich weiß gar nicht, warum du dich so anstellst. Ihr seid ja eh überall inzwischen." Diese oder ähnliche Aussagen hat jeder queere Mensch sicherlich schon oft gehört. Aber wer soll das eigentlich sein, dieses „Ihr"? Bin ich das, wenn sich im Fernsehen zwei schwule Männer küssen? Wenn eine Regenbogenfahne gehisst wird? Oder was ist damit gemeint? Gerade, wenn wir uns dem Thema Sichtbarkeit und Repräsentation nähern, wird schnell klar, dass es dieses „Ihr" so gar nicht gibt. Es gibt immer mehr queere Sichtbarkeit und Repräsentation in den Medien, und das ist auch gut so. Was es aber vor allem gibt, ist eben ein öffentlich *kreiertes* Bild von „Schwulen", „Lesben" und immer mehr auch Transpersonen. Diese Bilder von nicht-heterosexuellen Menschen sind aber nicht einfach so entstanden, sondern wurden über Jahrzehnte, ja sogar Jahrhunderte hinweg aktiv geformt. Teilweise von queeren Menschen selbst, vor allem aber von den Gesellschaften, in denen wir leben.

Queere Leben umfassen so viel mehr als diese Bilder. Mehr als der schwule Freund in der Soap oder die lesbische Ermittlerin im „Tatort". Viele queere Menschen erzählen davon, dass sie irgendwann in ihrem Leben an den Punkt gelangten, wo sie sich entscheiden mussten. Für manche war es ein bestimmter Moment, ein Erlebnis, ein Tag – für andere sind es tagtägliche Momente, in denen sich diese eine Frage manifestiert. Lebe ich einen „queeren Lifestyle"? Oder bin ich so wie die anderen Menschen um mich herum? Wie will ich leben? Vielleicht schließen sich diese beiden Perspektiven auch gar nicht aus, sondern ergänzen einander.

Queere Leben sind dabei natürlich nicht alle gleich. Eine Ablehnung durch die Eltern kann ebenso eine queere Erfahrung sein wie liebevolle Akzeptanz. Es gibt aber trotzdem Muster, die sich durch die Erfahrungen vieler queerer Menschen ziehen.

Kleine und große Diskriminierungen

„Da ist die Welt noch in Ordnung." Das erzählte eine Kollegin unlängst von einer Reise durch Lettland. Sie und ihr Freund hatten nach ein paar Tagen in Riga einen

Abstecher aufs Land gemacht. Weit weg von Airbnb und Booking waren sie in kleinen Pensionen und auf Bauernhöfen unterwegs. Also dort, wo die Welt noch in Ordnung war. Liebevoll zubereitetes Frühstück war ebenso selbstverständlich wie selbst gekochte Mahlzeiten. Es wurde gemütlich miteinander getrunken und – so gut es ging – auch miteinander kommuniziert. Abends gingen sie in die einheimischen Lokale und wurden von allen Seiten mit freundlicher Neugier aufgenommen. Meine Kollegin und ihr Partner hatten eine wunderschöne Zeit an diesen Orten. So schön, so gut. In diesem Moment, mit dieser kleinen Urlaubsgeschichte einer Arbeitskollegin wurde mir zum wiederholten Mal bewusst, dass so eine Erfahrung für mich nicht oder nur schwierig möglich wäre. Das liegt nicht unbedingt an Lettland oder an der Art zu reisen, vielmehr liegt es an mir. Genauer gesagt daran, dass mein Partner ein Mann ist. Ich musste an einen Urlaub an der italienischen Adriaküste denken, den wir vor ein paar Jahren gemeinsam verbrachten. Spontan ans Meer, was kann da schon schiefgehen? Als wir in unserem kleinen, aber feinen Hotel in Grado ankamen, wurden wir zwar durchaus freundlich, aber auch misstrauisch begrüßt. Diese misstrauischen Blicke, wenn zwei Männer – oder auch zwei Frauen – gemeinsam in einem Hotel einchecken, beim Essen gemeinsam bezahlen oder vielleicht auch einfach eine gewisse Nähe und Vertrautheit ausstrahlen, diese Blicke gibt es überall. Immer. Auch wenn wir heute – selbstverständlich – in einer toleranten und aufgeklärten (?) Gesellschaft leben: die Blicke bleiben. Unser Zimmer hatte ein Doppelbett, das aus zwei zusammengeschobenen Einzelbetten bestand. Jeden Morgen, wenn das Zimmer gereinigt wurde, wurden die Betten, die bei unserer Ankunft vereint gewesen waren und auch von uns zum Schlafen zusammengeschoben wurden, wieder getrennt. Wir blieben drei Nächte in diesem Hotel, da wir uns zu dieser Zeit einen Wechsel in ein anderes Hotel schlicht nicht hätten leisten können. Aber dieses Gefühl, wenn wir ins Zimmer kamen und die Betten wieder getrennt vorfanden, dieses Gefühl, wenn die Kellner uns beim Frühstücksbuffet zwar oberflächlich noch bemüht freundlich begegneten, uns dann aber immer wieder verächtlich fragende Blicke zuwarfen: dieses Gefühl ist kein schönes. Und man vergisst es auch nicht so schnell. Seitdem ist das gemeinsame Einchecken in Hotels, Pensionen oder Apartments für mich purer Stress. Auch wenn ich in den letzten Jahren vor allem positive Erfahrungen gemacht habe, das Gefühl der Nervosität bleibt.

Ist das schon Diskriminierung? Ich bin ein weißer, offen queer lebender Mann, arbeite an der Uni und führe auch sonst ein sehr gutes und privilegiertes Leben. Wie sehr mich diese kleine Geschichte aus einem Urlaub, der inzwischen schon Jahre her ist, immer noch beeinflusst, das ist meine persönliche Geschichte. Eine kleine, und im Vergleich zu den vielen Diskriminierungserfahrungen, die LGBTQ Menschen immer noch tagtäglich erleben, keine schlimme. Weder wurde ich beschimpft noch körperlich angegriffen. Was diese kleine Geschichte aber zeigen soll: dass die gute alte Zeit für viele nicht-heterosexuelle Menschen eben genau das Gegenteil davon war (und immer noch ist). Sie war vieles, aber sicherlich nicht gut. Nicht, dass queere Menschen nicht auch schöne und gute Leben geführt haben in den vergangenen Jahrzehnten. Aber es war immer anders. Ist immer anders. Viele Menschen haben unter traditionellen patriarchalen Strukturen gelitten, vor allem natürlich Frauen, aber nicht nur. Insbesondere für Menschen, die – aus welchen Gründen auch immer – nicht in diese Strukturen passen, war und ist es eine Zeit des Versteckens, eine Zeit der Unterdrückung, eine Zeit des Nicht-Vorkommens.

Grüß Gott statt Yaaaas Queen!

Diese Lebensrealitäten sind selbstverständlich nicht überall gleich. Es gibt zwei Geschwindigkeiten der Gleichstellung, die diese Realitäten prägen. Während für viele junge LGBTQ Menschen ein normales – was auch immer das heißen mag – Leben in vielen größeren Städten möglich ist, haben es viele LGBTQ Menschen am Land nach wie vor sehr schwer. Das hat nicht nur mit Topografie oder Demografie zu tun, sondern auch mit gesellschaftlichen Positionierungen, wie Didier Eribon in „Rückkehr nach Reims“[31] treffend beschrieben hat. Dabei reflektiert er seine Herkunft aus der französischen Arbeiterschicht, seine harte Kindheit und seinen Weg nach Paris, wo er als Soziologe Karriere machte. Reims steht hier sowohl faktisch als auch sinnbildlich für einen homophoben, ablehnenden, verletzenden Ort, den Eribon verlassen hat.

In seiner Dokumentation über Forscher:innen in der Antarktis zeigt der Regisseur Werner Herzog sehr deutlich, wie und was das Leben unter sehr harten und isolierten Bedingungen sein kann. Man muss sich weiterentwickeln, gehen, den Ort wechseln, um dem Horror des Kleinen zu entkommen, so ein Biologe dort wörtlich. Diese Referenz hat auf den ersten Blick vielleicht nichts mit queerem Leben auf dem Land zu tun, oder vielleicht doch? Jede:r, die oder der in einem Dorf oder einer anderen Art von kleiner Gemeinschaft aufgewachsen ist, kennt wohl dieses Gefühl. Soziale Verpflichtungen, Erwartungen, sozialer Druck. Für manche mag es eine Wohltat sein, gemütlich, ein Ort, an den man sich zurückziehen kann. Für andere, insbesondere für all jene, die nicht in die Norm zu passen scheinen, kann solch ein Ort aber sehr schnell buchstäblich zum Horror werden. Dabei meine ich an dieser Stelle gar nicht die zahlreichen physischen und psychischen Übergriffe, die es in so vielen queeren Leben gibt, egal, ob in der Stadt oder auf dem Land. Ich meine vielmehr die soziale Struktur, den Kontext, in dem queere Leben stattfinden. Der gesellschaftlichen Norm, den Erwartungen, die die Gesellschaft an eine:n stellt, nicht zu entsprechen: auch das kann Horror sein.

Viele Menschen, die am Land aufgewachsen sind, ob queer oder nicht, wurden durch die dort sozial oft enger gestrickten Kontexte stark geprägt. Dabei ist ein für viele entscheidender Faktor wohl, ob man will oder nicht, was denn „die Leut" sagen werden. Die Wirkung nach außen – in die Dorfgemeinschaft hinein – war und ist wichtig, bewusst oder unbewusst. Dieser soziale Druck ist real und nicht zu unterschätzen. Mit ihm konfrontiert, kann man, wie im Basislager in der Antarktis, entweder resignieren und sich anpassen oder eben gehen. Für viele queere Menschen ist dieses Gehen oft die einzige Möglichkeit, um zu überleben, sei es sozial oder buchstäblich. Und in den meisten Fällen bedeutet es eine Flucht in die Stadt.

Ein Heimatbesuch erinnert dann immer ein wenig an die Szene im Disney-Film *Findet Nemo*, in dem die Fische aus dem Meer in einem Aquarium in einer Zahnarztpraxis gefangen gehalten werden. Natürlich sind sie nach wie vor „in ihrem Element", aber gleichzeitig sind sie fern davon, gefangen in einem gläsernen Käfig. Sie haben alles, was sie zum Leben brauchen und sind doch nicht frei. Man kann als queerer Mensch auch am

Land viele nette Menschen um sich scharen und ein gutes Leben haben. Ein sehr gutes sogar. Und trotzdem sind viele eben nicht frei, wenn sie dort sind; sie fühlen sich nicht frei. Das hat wohl sehr viel mit Erziehung, mit gesellschaftlicher Prägung und auch mit persönlichen Schutzmechanismen zu tun. Vielleicht versucht man doch, sich ein wenig anders zu geben, auch wenn man es sich nicht eingestehen will. Man will nicht als queer gelesen und wahrgenommen werden. Oder eben doch. Und man gibt sich bewusst so, wie man es in der Situation für richtig hält. Grüß Gott oder Yaaaas Queen? Beides ist immer eine Entscheidung. Denn die Leute reden. Nicht unbedingt negativ, aber das Thema Anderssein triggert viele Menschen nach wie vor. Es ist natürlich so, dass gerade am Land sehr viel über jeden und jede geredet wird, ob da „die Tochter der Nachbarin mit 16 schwanger" wird oder ob „der Cousin in die Stadt gezogen ist, weil er schwul ist. Bei uns gibt's das ja nicht." Selbstverständlich hat sich sehr viel getan in den letzten Jahren und Jahrzehnten, aber es ist unbestritten, dass es am Land nach wie vor eine gewisse (latente) Homophobie gibt – stärker spürbar als in der Stadt. Wobei man natürlich „grundsätzlich nix gegen Schwule" hat – aber sie „sollten dann doch lieber nicht unbedingt da wohnen". Wegen der Kinder: nein, nicht, weil man Übergriffe befürchte – wobei: so ganz sicher könne man sich da ja leider auch nicht sein –, sondern wegen der Vorbildfunktion habe man Bedenken. Zeigen sollten sie es halt nicht so, die Schwulen und Lesben. Und Menschen, die trans oder nicht binär sind? Die natürlich schon gar nicht. Das hat natürlich wiederum sehr viel mit Geschlechterbildern zu tun – und vor allem auch mit deren Fragilität. Wenn die eigene Männlichkeit dadurch in Frage gestellt wird, dass es „plötzlich" Männer gibt, die ihre Männlichkeit anders leben, fühlen sich viele unter Druck gesetzt. Das hat viel mit dem eigenen Empfinden zu tun, mit Stolz oder mit Scham und allem dazwischen.

Queere Scham

Queere Scham ist etwas, das jede:r schon erlebt hat, die oder der nicht der herrschenden gesellschaftlichen Norm entspricht. Es ist ein Gefühl, ein Bewusstsein. Und es kann auch konkretes Handeln sein und sich dauerhaft in Menschen und ihre Körper einschreiben. Gewöhnliche, durch eine bestimmte Situation ausgelöste Scham vergeht, doch wenn es einen gewissen Faktor gibt, auf den sich die Scham immer wieder bezieht, wird aus der Scham ein Stigma, welches bleibt und zu einem Teil der Identität wird. Bei einem Stigma aufgrund der gelebten Sexualität geht es nicht mehr um sexuelle Handlungen, sondern um die sexuelle Orientierung und die Identität. Das schamvolle Stigma wirkt nicht allein individuell, sondern gibt queeren Menschen als Gruppe eine Identität, da eben diese Identität vom sexuellen Akt abgekoppelt und als Identität selbst mit Scham behaftet wird.

Heute wird sowohl in der Gesellschaft allgemein als auch in der queeren Community sehr wenig über Scham gesprochen. Man schämt sich dafür, dass man sich schämt? Manchen, gerade Jüngeren, fehlt oft auch ein Verständnis dafür, was es heißt, sich für seine sexuelle Orientierung oder seine Geschlechtsidentität zu schämen. Die Scham als Gefühl ist meist aus unseren Leben verschwunden. Und das ist an sich natürlich eine positive Entwicklung. Junge Menschen, die ohne Scham aufwachsen. Was für eine schöne Vorstellung für so viele von uns, bei denen das nicht der Fall war oder ist. Wir haben viele Begriffe, um die Situation zu beschreiben: Diskriminierung, Homophobie, Transphobie, Ausgrenzung, und so viele mehr. Selten aber sprechen wir über Scham.

Dabei ist queere Scham allgegenwärtig. In der Familie, in der Schule und im Beruf. Man kann Menschen auf verschiedene Weisen dazu bringen, sich zu schämen. Besonders gut funktioniert es durch das Lächerlichmachen, den bloßstellenden Spott, wie in einem Beitrag auf dem Blog der zaunfink sehr gut beschrieben wurde[32]: „Die (...) Beschimpfung als ‚Schwuchtel' beruht sehr stark auf diesem Aspekt. Die verbale Beleidigung wird dabei gern begleitet von kleinen parodistischen Aufführungen mit verstellter hoher Stimme oder affektierten

Gesten: Das alles soll zeigen, dass Schwulsein etwas Lächerliches ist, dass Schwule keine respektablen Männer, sondern Witzfiguren sind. Unzählige Schwulenwitze, in denen die Pointe nicht auf verblüffenden Wendungen beruht, sondern in denen die sexuelle Orientierung *an sich* die Pointe ist, tragen dieselbe Botschaft weiter."

Scham sei die innere Stimme, so der Beitrag, die uns zuflüstere: „Das geschieht dir recht. Du verdienst diese Abwertung, diese Beleidigung, diese Entrechtung, diese Gewalt. Weil du nicht gleichwertig bist. Weil du lächerlich bist, unmoralisch, unnütz." Es ist nicht nur die berechtigte Angst vor äußerer Ablehnung, sondern auch die innere Scham, die diesen Prozess so herausfordernd macht. Es geht darum, etwas sehr Intimes preiszugeben, von dem wir gelernt haben, es aus Schamgefühl verborgen zu halten.

Und genau hier wird ein sehr wichtiger Punkt angesprochen: Sich zu outen braucht Mut und Kraft. Nicht jede:r hat das. Es kostet Überwindung. „Und wo immer wir den Impuls verspüren, sichtbar zu werden, aufzubegehren, uns miteinander zu solidarisieren, da ist die Scham zur Stelle und flüstert: Nein, zeig deine Schande nicht, mach das unsichtbar, das geht doch wirklich niemanden was an, halt den Mund. Scham rechtfertigt die Unsichtbarkeit. (...) Es ist die Scham, die uns zu duldsamen Opfern und unfreiwilligen Mittäter:innen gleichzeitig macht. Es ist die Scham, die uns Ungerechtigkeiten mit gesenktem Blick ertragen lässt. Es ist die Scham, die uns lähmt, uns verstummen lässt und uns einsam macht."

Der Autor Dino Pešut sagte in einem Interview: „Ich glaube, dass viele Menschen ein Problem mit Intimität haben. Heterosexuelle haben jedoch die Rückendeckung der Geschichte und Gesellschaft. Wir als queere Personen haben häufig eine sehr traumatisierte Vergangenheit. Wir brauchen länger, um uns mit uns selbst auseinanderzusetzen, wer wir auf emotionaler und sexueller Ebene sind und was unsere Identität ist. Dadurch überspringen oder verpassen wir es, gewisse Emotionen zu fühlen und lernen zu navigieren. Unsere Teenie-Jahre sind komplett anders als die von Heteros."[33] Und das ist einer der zentralen Punkte. Für viele queere Menschen sind die Dreißiger das, was für heterosexuelle Menschen die Zwanziger sind. Man findet mehr und mehr zu sich, wird sicherer nach innen und außen.

Halt finden

Familie. Viele Leser:innen werden an ein klassisches Bild mit Eltern und Kindern denken, wenn sie diesen Begriff hören. Im Kontext queerer Lebensrealitäten ist Familie aber meist (auch) etwas anderes. Ein Zufluchtsort, eine selbst gewählte Gemeinschaft. Die Praxis, sich eine Wahlfamilie zu suchen, ist selbstverständlich nichts Queeres an sich. Viele Menschen müssen oder wollen das. Und dennoch ist es unbestreitbar so, dass es für viele queere Menschen notwendig war und ist, sich eine neue Gemeinschaft, eine neue Familie zu suchen. Diese ist oft nicht nur für das soziale Überleben und die psychische Gesundheit sehr wichtig, sondern in vielen Fällen entscheidend für das nackte Überleben. Jeder Mensch braucht Unterstützung im Leben. Für Menschen, die in der Gesellschaft ohnehin zusätzlichen Herausforderungen, Diskriminierungen oder Ausgrenzungen ausgesetzt sind, gilt das noch viel mehr. Ihre biologischen Familien können für viele queere Menschen die Quelle von Konflikten, Ausgrenzung und sogar Gewalt sein. Umso sinnvoller ist es, sich seine Familie bewusst zu wählen, schreibt Autorin Anna Rosenwasser. Blutsverwandtschaft, das sei für viele lesbische, schwule, bisexuelle und trans Menschen eine düstere Angelegenheit, die viele Gefahren berge, die sich oft in Traditionen versteckten. Viele queere Menschen fliehen aus diesen Kontexten – oft in Städte – und formen sich dort eigene Familien, so, wie sie sich diese vorstellen. Was natürlich noch lange nicht heißt, dass es dort immer harmonisch und konfliktfrei zugehen würde.

Ein sehr anschauliches Beispiel für gewählte Familien ist die TV-Serie *Pose*. Die Serie spielt in der queeren Ballroom-Subkultur, in den „Häuser“ genannten Gemeinschaften finden die „Kinder“, die von ihren biologischen Familien wegen ihrer sexuellen Orientierung oder Geschlechtsidentität verstoßen wurden, Zuflucht – und eine Ersatzfamilie. Mutter, Tochter, Sohn. Mareice Kaiser schreibt dazu in der *Zeit:* „Pose ist eine Familienutopie. Familie als selbst gewählter Ort. Gezeigt wird eine Welt, in der Geschlechtsidentität nicht von primären Geschlechtsmerkmalen bestimmt wird, sondern von uns selbst. Eine Welt, in der Zugehörigkeit nicht durch eine Geburt bestimmt wird, sondern durch unsere freie Entscheidung, Verantwortung füreinander zu übernehmen. Familie als solidarische Gemeinschaft von Verbündeten. Familie als freies Konstrukt von Menschen, die miteinander leben, wie sie es wollen."[34]

Familien zwischen Recht und Regenbogen

Regenbogenfamilien sind Familien, in denen mindestens ein Elternteil lesbisch, schwul, bisexuell, trans beziehungsweise inter und/oder nicht binär ist. Unter den Regenbogenfamilien sind Adoptiv- und Pflegefamilien ebenso zu finden wie Familien, bei denen zum Beispiel ein Kind aus einer vorangegangenen heterosexuellen Partnerschaft stammt oder mittels künstlicher Befruchtung in eine lesbische Beziehung geboren wurde. In Deutschland wie in Österreich dürfen gleichgeschlechtliche Paare heiraten oder eine Eingetragene Partnerschaft eingehen. Kinder können gemeinsam oder als Stiefkinder adoptiert werden, auch die künstliche Befruchtung ist für lesbische Frauen erlaubt. Allerdings ist für männliche Paare die Leihmutterschaft nicht erlaubt und bei Transpersonen gibt es in der Elternschaft ebenfalls noch einige rechtliche Hürden.

Regenbogenfamilien sind ein eindeutiges Symbol für Akzeptanz, Anerkennung und Fortschritt. Gerade diese Institutionalisierung ist für viele Familien so wichtig. Wie wir im vergangenen Jahr in Italien gesehen haben, sind Regenbogenfamilien ohne diese Rechte vollkommen der Willkür der jeweils amtierenden Regierung ausgeliefert. Für Regenbogenfamilien gibt es in Italien keinen rechtlichen Schutz. 2016 wurden gleichgeschlechtliche Ehen zwar legalisiert, aber es gibt kein gleichberechtigtes Adoptionsrecht. Die rechtsextreme Regierung von Georgia Meloni zwang im Sommer 2023 den Bürgermeister von Mailand, gleichgeschlechtliche Eltern in der Stadt nicht mehr anzuerkennen. Sie berief sich dabei auf eine Norm, die gleichgeschlechtlichen Paaren den Zugang zu künstlicher Befruchtung verwehrt.

Die Institutionalisierung von Ehe und Familie ist allerdings auch in der queeren Community nicht unumstritten. Die Politikwissenschaftlerin Verena Kettner[35] hat das sehr deutlich ausgeführt: „Die Institutionalisierung der heterosexuell-monogamen Kleinfamilie im 20. Jahrhundert organisiert diese gesellschaftliche Arbeitsteilung mit und konstituiert Zweigeschlechtlichkeit, Monogamie und Heterosexualität als natürliche Basis. Der Erhalt der kapitalistischen Produktionsweise ist nicht bloß an bestimmte Formen von Lohnarbeit geknüpft, sondern auch darauf angewiesen, dass Sexualität und Reproduktion eine heteronormative Form annehmen und auch dieser entsprechend Familien bilden."

Der Kapitalismus könnte demzufolge auch weiterhin bestehen, selbst wenn plötzlich nur noch Regenbogenfamilien existieren würden. Denn auch diese Familien leben innerhalb von Institutionen wie Schulen, Kirchen und der Politik. Dort werden Regenbogenfamilien wiederum durch die heteronormative Struktur geprägt, die ihnen seit ihrer Kindheit vermittelt wurde und die Arbeits- und Reproduktionsverhältnisse regelt. Beispielsweise wird das Bilden von Kleinfamilien und das Eingehen romantischer Liebesbeziehungen als Bestandteil eines glücklichen Lebens betrachtet und daher von den Individuen angestrebt.

Regenbogenkapitalismus und Pinkwashing

Eine kapitalistische Logik hat aber nicht nur Auswirkungen auf den familiären Bereich, sondern prägt unsere Gesellschaft wie unser Wirtschaftssystem maßgeblich. Und das macht auch vor LGBTQ Bürger:innen nicht halt, die im letzten Jahrzehnt immer deutlicher als Konsument:innen identifiziert wurden. Auch in diesem Zusammenhang kann das als positiver Schritt hin zu mehr Sichtbarkeit und Inklusion gesehen werden, oder aber – aus einer kritischen Perspektive – als Ausbeutung. So bezieht sich etwa der Begriff „Regenbogenkapitalismus“ auf die kommerzielle Instrumentalisierung von LGBTQ Themen und Symbolen durch Unternehmen. Er beschreibt die Praxis, Produkte und Dienstleistungen gezielt an die LGBTQ Gemeinschaft zu vermarkten, um Gewinne zu steigern. Dies kann in Form von speziellen Pride-Editionen von Produkten, Werbekampagnen oder anderen Marketingstrategien geschehen, die darauf abzielen, die Kaufkraft und Loyalität der LGBTQ Konsument:innen zu binden.

Im Jahr 1981 war Absolut Vodka das erste Produkt, das in LGBTQ Magazinen wie *The Interview* und *The Advocate* beworben wurde. Dies geschah zu einer Zeit, als es noch als kontrovers galt, mit der LGBTQ Bewegung identifiziert zu werden. In den 1990er Jahren begann Subaru, gezielt Fahrzeuge für die lesbische Zielgruppe zu vermarkten, was sich als erfolgreich erwies. Im Jahr 2011 warb die italienische Modemarke Benetton mit Plakaten, die ein küssendes Männerpaar zeigten. 2014 brachte Burger King einen Regenbogen-Burger mit dem Slogan „Im Inneren sind wir alle gleich“ auf den Markt. Inzwischen sind Unternehmen wie Ikea, H&M, Calvin Klein, Dr. Martens und Versace ebenfalls im Bereich der vielfältigen Toleranzpräsentation aktiv. Seit geraumer Zeit gibt es einen intensiven Wettbewerb um die queere Klientel, für die zahlreiche Studien überdurchschnittliche Reise- und Konsumfreude belegen. Schwullesbische Reisebüros und Veranstalter werben aktiv um diese Zielgruppe. Kaum eine Metropole kommt heute ohne ein Marketingkonzept für den sogenannten LGBTQ Tourismus aus.

Dabei ist kritisch anzumerken, dass viele Unternehmen diese Strategie anwenden, um von einer als progressiv wahrgenommenen Haltung zu profitieren, ohne selbst substanzielle Unterstützung für LGBTQ Rechte oder positive soziale Veränderungen zu leisten. Es gibt Diskussionen darüber, inwieweit solche kommerziellen Bemühungen authentisch sind oder lediglich als „Pinkwashing" fungieren, bei denen Unternehmen oberflächlich Solidarität zeigen, aber wenig bis nichts zur tatsächlichen Verbesserung der Rechte und Anerkennung von LGBTQ Personen beitragen. Dennoch ist es wichtig zu betonen, dass die positiven Aspekte von Pinkwashing oft von der tatsächlichen Absicht und den Handlungen der Unternehmen abhängen. Authentische Bemühungen um Vielfalt, Inklusion und Unterstützung der LGBTQ Community sind entscheidend, um positive Auswirkungen zu gewährleisten.

Wir sind alle Zeug:innen
Und zum Handeln gezwungen
Die einen werden Hippies
Und die anderen sind vermummt
(Sookee, „Q1“)

Subversion und Solidarität

Die Bezeichnung *queer* wurde ursprünglich verwendet, um Menschen als sonderbar, eigenartig oder suspekt abzuwerten. Auch heute noch ist das zum Teil der Fall. Ähnlich soll es im Übrigen auch beim Impressionismus gewesen sein. Der Begriff soll zuerst als Schimpfwort verwendet worden sein, um gewisse Künstler:innen abzuwerten, die sich den Standards der Hohen Kunst des 19. Jahrhunderts bewusst widersetzten, diese kritisierten und weiterentwickelten. Zunächst als negative Zuschreibung von außen kreiert, wurde der Begriff nach und nach von den Künstler:innen selbst übernommen und umgedeutet. So wurde aus einem Schimpfwort die Bezeichnung für eine bedeutende Kunstrichtung. 150 Jahre später kann man einen ähnlichen Prozess auch bei dem Begriff *queer* beobachten. Menschen, die sich nicht als heterosexuell identifizierten oder nicht dem heteronormativen Bild entsprachen, haben den Begriff zu einer positiven Selbstbezeichnung gemacht. Queer ist frei von jeder Klassifizierung und schafft damit über viele verschiedene sexuelle Orientierungen und Identitäten hinweg einen Ankerpunkt. Dabei gibt es für den Ausdruck gar keine einheitliche Definition. Und vielleicht ist das auch schon ein sehr guter Hinweis darauf, dass es sich um bewegliche, veränderliche Zuschreibungen und Identitäten handelt. Es bleibt auch immer ein wenig ein Spiel mit dem Versteckten, mit dem Mysteriösen. Konstitutiv für Homosexualität sei das Geheimnis, die „Struktur des Verstecks", schreibt Didier Eribon, und die Möglichkeit, als schwuler Mann entdeckt und beleidigt zu werden, führe oft zu Leugnung und Selbsthass. Immer wieder weist er auch auf die patriarchale Grundlage der Homophobie hin, denn verpönt am Schwulen ist vor allem das „Effeminierte", das abgewertete Weibliche. Könnten diese Muster und Praktiken des Versteckens, des Sich-selbst-aus-dem-Raum-Nehmens vielleicht auch irgendwie ins Positive gewandt werden?

In der Menschheitsgeschichte gibt es unzählige Hinweise auf die subversiven Möglichkeiten, die es LGBTQ Menschen ermöglichen, die ganze Bandbreite ihrer Lebensrealitäten auszudrücken. Eine davon war und ist die Farbe Lila, bzw. Flieder oder Violett.[36] In Deutschland war Lila in den 1920er Jahren die Signalfarbe von Schwulen und Lesben. In den USA war Lavendel seit Ende der 1920er und vor allem in den Fünfziger- bis Sechzigerjahren eine schwule Signalfarbe. So wie sich Frauen- und Lesbenbewegung nicht klar trennen lassen, sind auch die Bedeutungen von Lila als Zeichen der Frauen-, Lesben- und Schwulenbewegung nicht immer klar zu trennen. Schon im 19. Jahrhundert entdeckte die Frauenbewegung die Farbe Violett bzw. Lila für sich. Auch hier besteht vermutlich ein Zusammenhang mit der Tatsache, dass Lila eine Mischung aus Rot bzw. Rosa („weiblich") und Blau („männlich") ist.

Wie Foucault schreibt, geht mit Macht immer auch Widerstandspotenzial gegen diese Machtbeziehungen einher. Traditionell ist es die Mehrheit, die in einer demokratischen Gesellschaft die Macht hat. Sowohl realpolitisch als auch in anderen gesellschaftlichen Räumen. Wenn es der Zweck der heteronormativen Kleinfamilie ist, die Reproduktionsfähigkeit und Gesundheit der Bevölkerung aufrechtzuerhalten, kann die Identifikation mit einer queeren Identität bereits einen Widerstandspunkt darstellen, der dabei hilft, die Machtverhältnisse zu erkennen und zu hinterfragen, die hinter dieser Institution stehen und queere sexuelle Subjektivierung erschweren.

Subversion als politische Macht bezieht sich auf die Anwendung von Strategien und Taktiken, um eine etablierte politische Ordnung zu untergraben oder zu destabilisieren. Diese Bemühungen können darauf abzielen, bestehende Regierungen, Institutionen oder gesellschaftliche Normen zu schwächen oder zu stürzen. Subversion wird oft von politischen Gruppen, Aktivist:innen oder Regimen eingesetzt, um politische Veränderungen herbeizuführen oder um Macht zu erlangen. Es ist wichtig anzumerken, dass Subversion sowohl positiv als auch negativ konnotiert sein kann. Die Grenze zwischen legitimer politischer Aktivität und destabilisierender Subversion ist oft umstritten und abhängig von politischen, gesellschaftlichen und historischen Kontexten.

Radikale Solidarität

Solidarität in der LGBTQ Community ist nicht nur der Ursprung, sondern auch das Lebenselixier der Bewegung. Ohne Solidarität gibt es keine Bewegung. Gibt es keine politische Macht. Für manche mag das durchaus in Ordnung sein. Nicht jede:r ist politisch. Nur stellt sich für viele queere Menschen diese Frage leider nicht. Es ist keine Frage, ob man politisch sein möchte oder lieber nicht. Die pure Existenz außerhalb der gesellschaftlichen Norm lässt einem keine andere Wahl, wenn man ein Leben will – frei und gleich.

Queere Scham trennt uns von der Gesellschaft. Aber das muss nicht heißen, dass sie uns auch von einer Gemeinschaft trennt. In jedem Fall hat sie trotz all dem Tragischen und Negativen auch etwas Transformatives in sich. Queere Scham zwingt uns zum Handeln. Wenn man sich durchsetzen will und sich dafür schämt, hilft die Scham dabei, genau hinzuschauen, um etwas dagegen zu tun. Wenn wir Scham als katalysierende, transformative Erfahrung betrachten, dann können wir sie nutzbar machen. Scham zu Stolz machen. Und zwar nicht in einer irgendwie arroganten oder negativen Art, sondern in Form eines gesunden Selbstbewusstseins. Ganz egal, ob man das Anderssein zelebrieren will, oder ob man lieber eine gleichgeschlechtliche Kleinfamilie anstrebt. All das kann queer sein. All das hat Potenzial.

In unseren westlichen Gesellschaften läuft derzeit vieles falsch. Vor Kurzem wurden im US-Bundesstaat Texas die Abtreibungsrechte massiv eingeschränkt und Abtreibungen dort so gut wie unmöglich gemacht. Ein neues Gesetz erlaubt es dort nun jedem Bürger, jeder Bürgerin, jede Person anzuzeigen, die abtreibt oder diese Handlung unterstützt. Wer das US-Justizsystem auch nur ein bisschen kennt, weiß, dass solche Anzeigen unter anderem massive finanzielle Folgen haben. Von den dadurch entstehenden körperlichen und psychischen Folgen gar nicht erst zu sprechen. Wer das Abtreibungsrecht so massiv einschränkt, der bringt viele

Frauen wissentlich in Gefahr. Wer gedacht hatte, dass wir im 21. Jahrhundert zivilisatorisch weiter sein müssten, als das grundlegende Recht einer jeden Frau auf die Selbstbestimmung über ihren Körper in Frage zu stellen, hat sich geirrt. Mit dem weltweit zu beobachtenden konservativen Backlash und den erstarkenden rechten und konservativen politischen Parteien und Bewegungen steht das Thema erneut ganz weit oben auf der Agenda. In den USA hat es derzeit eine zunehmende Brisanz, weil durch die Ernennungen von Ex-Präsident Donald Trump der Supreme Court, der Oberste Gerichtshof, das erste Mal seit Jahrzehnten eine klare Mehrheit von konservativen Richter:innen hat. Das bahnbrechende Urteil von Roe vs. Wade, das legale Abtreibungen in den USA erst ermöglicht hat, und über viele Jahre die Grundlage für Rechtsprechung bei dem Thema war, wurde gekippt. Wir müssen aber nicht einmal bis in die USA schauen, denn auch in vielen europäischen Ländern wird das Thema wieder heftig diskutiert.

Vielleicht fragen Sie sich an dieser Stelle, was denn das Thema Abtreibung in einem Buch zu suchen hat, in dem es um queere Lebensrealitäten geht. Das ist ganz einfach. Es gibt keine queere Gleichberechtigung ohne (körperliche) Selbstbestimmung eines jeden Menschen. Während eines Forschungsaufenthalts in den USA nahm ich im Oktober 2021 am landesweiten Women's March teil, der als Reaktion auf die Verschärfung der Abtreibungsrechte in Texas stattfand. Während der Kundgebung habe ich mit einer jungen Frau darüber gesprochen, wie wichtig es ist, dass sich Feminist:innen und queere Aktivist:innen verbünden, denn auf dem Schild, das sie gebastelt hatte, stand: „Feminismus ist intersektional oder er ist Bullshit". Die junge Frau hat natürlich recht. Feminismus muss, wie auch queerer Aktivismus, immer inklusiv und intersektional sein, sonst ist beides nicht viel wert. Warum aber sind es gerade die beiden Themen LGBTQ Rechte und Abtreibung, die in so vielen Gesellschaften so stark polarisieren? Sollte sich der Staat nicht gerade bei diesen Themen – Sexualität und körperliche Selbstbestimmung – raushalten? Genau das Gegenteil ist der Fall. Seit Jahrhunderten bestimmt eben genau jener patriarchal strukturierte Staat darüber, was wer wann wie sein darf. In der TV-Serie *VEEP* sagt die fiktive Vizepräsidentin Selina Meyer einmal: „Wenn Männer abtreiben müssten, könnte man an jeder Tankstelle eine Abtreibung vornehmen". Auch wenn das natürlich sehr überspitzt formuliert ist, ist da wohl etwas Wahres dran.

Vielfalt als Auftrag

Warum aber sollte man sich mit Themen wie LGBTQ Rechten oder auch Abtreibung beschäftigen? Geht uns das denn wirklich alle an? Die Beschäftigung mit diesen Themen ist vor allem dann wichtig, wenn wir uns mit dem Zustand unserer Gesellschaft und gerade auch dem Zustand unserer Demokratie auseinandersetzen wollen. Für eine demokratische Gesellschaft ist es immer auch bezeichnend, wie sie mit ihren Minderheiten umgeht. Dies ist insbesondere für queere Menschen zutreffend, da diese historisch gesehen immer wieder marginalisiert und verfolgt wurden. Wie man sich hierzu im Einzelnen positioniert, hängt davon ab, welche Demokratievorstellung man hat. Folgt man der Idee einer liberalen Demokratie, dann ist die Mehrheit zwingend an den Schutz von Minderheitenrechten gebunden; außerdem ist der politischen Minderheit grundsätzlich die Chance einzuräumen, zur Mehrheit werden zu können. Viele Konflikte, die zwischen den einzelnen, unter dem Begriff LGBTQ zusammengefassten Personengruppen auftreten, sind nicht zuletzt auf die Diversität innerhalb der LGBTQ Bewegung zurückzuführen. Die politischen Kämpfe werden dabei gerade auch innerhalb der Community mit derart harten Bandagen geführt, dass man oft zu vergessen scheint, dass der politische Gegner eigentlich ganz woanders steht. Diese Diversität wird außerdem häufig gegeneinander ausgespielt und dazu benutzt, sich gegenüber anderen Gruppen abzugrenzen. Dabei sollte diese Diversität viel mehr als das gesehen werden, was sie ist: eine Stärke und ein Katalysator für einen gemeinsamen politischen Kampf um mehr Gleichberechtigung, Emanzipation und radikale Solidarität.

Wir dürfen unsere Geschichte nicht vergessen. Wir dürfen nicht vergessen, was all die Menschen durchgemacht haben, die vor uns gelebt haben, die in andere Lebensrealitäten hineingeboren wurden. Deren queere Leben ganz anders waren als unsere heute. Und vielleicht doch viel ähnlicher, als wir denken. Hören wir all jenen zu, die in den letzten Jahrzehnten gelebt haben. Seien wir offen für all jene, die ihre Erfahrungen und Ideen aus dem Heute einbringen. Lernen wir gemeinsam, bei allen Unterschieden. Solidarität ist das, was uns immer zusammengehalten und gestärkt hat. Solidarität war und ist oft lebensnotwendig. Der Kern der Sache bleibt. Menschen, die Ablehnung und Diskriminierung erfahren, ob wegen ihrer sexuellen Orientierung, Geschlechtsidentität oder anderem, standen viel zu lange im Schatten der Gesellschaft. Diese Zeit ist vorbei.

Die Solidarität, die sich trotz aller Komplikationen, Herausforderungen und unterschiedlichen Interessen innerhalb der queeren Community zeigt, kann nicht nur uns als Gemeinschaft und damit auch jede:n Einzelne:n stärken, sondern darüber hinaus eine Blaupause für die gesamte Gesellschaft sein. Wie wollen wir miteinander leben? Lasst uns diese Frage diskutieren und gemeinsam an einer positiven Zukunft für alle bauen.

Gesellschaften leben vom Diskurs, davon, dass wir miteinander reden – nicht nur übereinander. Nur so kommen wir weiter. Und so ist das Ende dieses Buches vielleicht auch ein Anfang.

Danke

Am Ende steht wie so oft ein Danke. Ein Danke an Sie, liebe Leser:innen, an Dich. Ein Buch ist nun mal von der Grundstruktur her als Einbahnstraße konstruiert und dennoch soll mein Text auch zum Nachdenken, zum Diskutieren, zum Drüber-Reden anstoßen. Ein Anfang für eine Debatte sein.

It takes a village, sagt man im Englischen. Und das ist offenbar nicht nur bei Kindern so, sondern auch bei Büchern. Danke an Ulli Steinwender, ohne die es dieses Buch nie gegeben hätte. Danke an Stefanie Jaksch und Philip Scheriau und das ganze Team bei Kremayr & Scheriau, die dieses Buch möglich gemacht haben. Danke auch an meine Familie, die mich immer so akzeptiert hat, wie ich bin. Und danke an all die Menschen, die mich in den letzten Jahren und Jahrzehnten immer begleitet und unterstützt haben. Man ist oft nur so stark wie das soziale Netz, das einen trägt.

Zu guter Letzt: danke allen Kämpfer:innen für eine vielfältige, offene, freie und solidarische Gesellschaft.

Es liegt an uns, die Zukunft zu gestalten. Venceremos!

Anmerkungen

Auf die hier als Quellen angegebenen Websites wurde am 20. März 2024 zuletzt zugegriffen.

1 Strobl, Natascha (2023). Stolzmonat? WTF? www.moment.at

2 Hasenbush, A., Flores, A.R. & Herman, J.L.: „Gender Identity Nondiscrimination Laws in Public Accommodations: a Review of Evidence Regarding Safety and Privacy in Public Restrooms, Locker Rooms, and Changing Rooms.“, in: Sex Res Soc Policy 16, 2019, S. 70–83. https://doi.org/10.1007/s13178-018-0335-z

3 Foucault, Michel: Sexualität und Wahrheit. Erster Band. Aus d. Frz. v. Ulrich Raulff und Walter Seitter, Frankfurt/Main: Suhrkamp 1987.]

4 Sauer, Arn: LSBTIQ-Lexikon. Grundständig überarbeitete Lizenzausgabe des Glossars des Netzwerkes Trans*Inter*Sektionalität. Bundeszentrale für politische Bildung, Bonn 2018.

5 der zaunfink (2016). Schwule Scham. www.derzaunfink.wordpress.com

6 Rosales, Caroline (2019). Kein richtiger Sex. www.zeit.de

7 Ayoub, Phillip/ Stöckl Kristina (2024). The Global Fight Against LGBTI Rights. How Transnational Conservative Networks Target Sexual and Gender Minorities. New York: NYU Press.

8 Reuters Fact Check (2023). Pride rainbow installation at Arc de Triomphe is 3D animation. www.reuters.com

9 Die International Lesbian, Gay, Bisexual, Trans and Intersex Association (ILGA) ist der weltweite Dachverband der Lesben-, Schwulen-, Bisexuellen-, Trans- und Intersexorganisationen.

10 ILGA Europe (2023). Rainbow Europe. https://www.ilga-europe.org/rainbow-europe/

11 The Trevor Project (2023). 2023 U.S. National Survey on the Mental Health of LGBTQ Young People. https://www.thetrevorproject.org

12 AFP (2019). Kaczynski calls LGBT rights a „threat“ to Poland. www.france24.com

13 Chadwick, Lauren (2019). Archbishop warns of „rainbow plague“ amid LGBT tensions in Poland. www.euronews.com

14 Atlas nienawiści (Atlas of Hate). https://atlasnienawisci.pl

15 Reuters (2022). Polish court rules that four „LGBT-free zones“ must be abolished. www.reuters.com

16 Jurszo, Robert/ Pacewicz, Piotr (2019). Mężczyźni najbardziej boją się gejów i Gender, kobiety zapaści ochrony zdrowia. Wspólny strach o klimat. www.oko.press

17 Walker, Shaun/Davies, Christian/Tait, Robert/Garamvolgyi, Flora (2019). Anti-LGBT rhetoric stokes tensions in eastern Europe. www.theguardian.com

18 Duffy, Nick (2018). Poll finds overwhelming support for equal marriage in Czech Republic. www.thepinknews.com

19 Pettinger, Jürgen (2023). Chronisches Gefühl der Unsicherheit für queere Menschen. www.diepresse.com

20 Könne, Christian. Schwule und Lesben in der DDR und der Umgang des SED-Staates mit Homosexualität. www.bpb.de

21 Könne, Christian (2018). Homosexuelle und die Bundesrepublik Deutschland. Gleichberechtigte Mitmenschen? www.bpb.de

22 Rosales, Caroline (2019). Kein richtiger Sex. www.zeit.de

23 Kettner, Verena: Den „König Sex“ vom Thron stoßen? Das widerständige Potenzial einer queer-affektiven Subjektivierung, in: Femina Politica – Zeitschrift für feministische Politikwissenschaft, 1/2020, S. 125-134.

24 Pay, Sebastian (2022). Vom Kampf gegen § 209, der schwulen Jugendlichen untersagte, Sex zu haben. www.kontrast.at

25 Handl, Michael: „Von Rosa Villen und Wirbeln und Homosexuellen Initiativen – Die österreichische Homosexuellenbewegung nach Stonewall“, in: Handl, Michael/Hauer, Gudrun/Krickler, Kurt/Nussbaumer, Friedrich/Schmutzer, Dieter (Hg.): Homosexualität in Österreich. Wien: Junius Verlag 1989, S. 126.

26 Hauer, Gudrun: „Lesben- und Schwulengeschichte – Diskriminierung und Widerstand“, in: Handl et al., a.a.O., S. 62.

27 https://www.tolar.at/uber-mich/

28 Hemken, Kathy (2018). Fetischisierung von Schwulen und Lesben. www.frauenseiten.bremen.de

29 Junk, Kevin (2014). Die Ideologie von „Top“ und „Bottom“. www.queer.de

30 Westheuser, Linus (2018). Doing Gender. www.gender-glossar.de

31 Eribon, Didier: Rückkehr nach Reims. Aus d. Frz. v. Tobias Haberkorn. Berlin: Suhrkamp 2016.

32 der zaunfink (2016). Schwule Scham. www.derzaunfink.wordpress.com

33 Meyer, Michael (2022). Ein schwuler 30-Jähriger nähert sich seinem schwierigen Vater. www.queer.de

34 Kaiser, Mareice (2019). Warum „Pose“ die beste Serie über Mutterschaft ist. www.zeit.de

35 Kettner, Verena: Sich dem „König Sex“ lustvoll entziehen? Eine queer-affektive Perspektive auf das widerständige Potenzial von Sexualität, Begehren und Lust. Masterarbeit, eingereicht an der Universität Wien, 2019, S. 63.

36 Hastings, Christobel (2020). How lavender became a symbol of LGBTQ resistance. www.edition.cnn.com/

Foto © Selina Neumüller

Michael Hunklinger

geboren 1989, ist Politikwissenschaftler und Autor. Derzeit forscht und lehrt er zu den Themen Diversität und Ungleichheit an der Universität Amsterdam, zudem arbeitet er in diversen internationalen Projekten, die sich vor allem mit Fragen von politischer Partizipation und Repräsentation von LGBTQ Personen beschäftigen. Neben zahlreichen wissenschaftlichen Publikationen analysiert und kommentiert er regelmäßig LGBTQ Themen, u. a. in der ZiB, im Standard oder in der Washington Post.

www.kremayr-scheriau.at

ISBN 978-3-218-01416-8

Linolschnitt, Schutzumschlaggestaltung,
typografische Gestaltung und Satz: Sheila Ehm
Reihen-Konzept: Stefanie Jaksch im Verlag Kremayr & Scheriau
Lektorat: Paul Maercker
Herstellungsleitung: vielseitig.co.at
Druck und Bindung: Finidr, s.r.o., Czech Republic